高校助困育人工作研究

刘 萍◎著

🌀 吉林文史出版社

图书在版编目（CIP）数据

高校助困育人工作研究 / 刘萍著 . -- 长春 : 吉林文史出版社 , 2019.5

ISBN 978-7-5472-6122-4

Ⅰ.①高… Ⅱ.①刘… Ⅲ.①高等学校－特困生－赞助－研究－中国 Ⅳ.① G645.5

中国版本图书馆 CIP 数据核字 (2019) 第 073496 号

高校助困育人工作研究

作　　者：刘　萍
责任编辑：程　明
封面设计：闫丽娜
出版发行：程　杰
电　　话：0431-81629369
地　　址：长春市福祉大路 5788 号
邮　　编：130118
网　　址：www.jlws.com.cn
印　　刷：河北盛世彩捷印刷有限公司
成品尺寸：145mm×210mm　　　　1/32
印　　张：5.5
字　　数：151 千字
版　　次：2019 年 5 月第 1 版　　2019 年 5 月第 1 次印刷
书　　号：ISBN 978-7-5472-6122-4
定　　价：39.00 元

前　言

　　高校家庭经济困难学生作为高校的一个特殊群体，一直深受国家、社会和高校的重点关注。为了帮助家庭经济困难学生顺利完成大学学业，国家出台了一系列帮扶救助政策，并且取得了巨大的成效。但伴随着高校的扩招和我国经济的快速发展，贫困学生的数量和教育成本也在逐渐增加，而资助资源却是相对有限的。因此，在这一情况下，如何保障家庭经济困难学生的基本生活，满足他们的全面发展需求，提高助困育人的效果，就成了高校助困育人工作的一个亟需解决的问题。

　　本书在结构上共分为五章，系统地对高校助困育人工作进行了分析和研究。第一章为高校家庭经济困难学生概述，主要包括相关概念及高校家庭经济困难学生现状与分析等方面的内容；第二章则主要对高校家庭经济困难学生的思想问题、心理问题和学业问题进行了分析和研究；第三章系统地阐述和分析了高校助困育人体系的构建，涵盖了我国高校助困育人体系的现状与分析、国外助困育人体系相关问题及构建高校"三位一体"助困育人体系几个方面的内容；第四章重点对高校家庭经济困难学生助困政策实施进行了分析和研究，主要包括助困政策实施现状、助困政策实施存在的问题以及助困政策实施的对策三个方面的内容；第五章则是对高校助困育人精准化研究，主要内容有高校助困育人的现状与分析、助困育人的理论依据、助困育人精准化研究的必要性、助困育人精准化的对策等方面。

　　总的来说，本书的内容比较系统、全面，对高校助困育人工作的实施具有一定的借鉴意义。此外，本书在撰写过程中，参考和借鉴了一些专家学者的研究文献与成果，在此对其作者表示衷心的感谢。限于作者的水平，书中难免存在疏漏与不妥之处，恳请广大读者批评指正。

作 者
2018 年 12

目 录

第一章 高校家庭经济困难学生概述

大学生是我国宝贵的人才资源，作为大学生中的一部分，家庭经济困难学生对学校和社会的影响不容忽视。本章主要对高校家庭经济困难学生概念的界定，形成的原因以及其经济、思想、学业、心理、就业现状等基本情况进行阐述和分析。

第一节 高校家庭经济困难学生的概念

当前，社会上对高校家庭经济困难学生并没有一个统一的界定，但这又是一个十分重要的问题，其关乎到我们能否正确地认识到高校家庭经济困难学生产生的原因，以及我们如何开展对高校家庭经济困难学生相关问题的研究。

一、高校家庭经济困难学生概念的界定

（一）国内外关于贫困的定义

在世界上，各国学者对贫困的定义存在不同的看法。最初，人们在对贫困进行定义时，主要侧重于经济收入上。阿马蒂亚·森认为，贫困就是因为收入低所带来的无法满足基本生存需要的状况。但是，在满足基本生存需要的贫困收入线上，并不是固定的，

而是要根据不同的时期、物价等相关因素来对其进行确定。① 汤森认为，这种意义上的贫困指的是一种绝对贫困。而绝对贫困的概念在发达国家并不适用，相对贫困则更加贴切一些。事实上，相对贫困是一种相对被剥夺状况，也就是被剥夺正常社会生活权利和生活方式的状况。② 自上世纪 90 年代以来，反贫困行动在世界范围内普遍开展起来，人们对贫困的界定也有了新的看法。诸如阿马蒂亚·森对贫困也发表了新的看法，其认为应当从物质福利状况、资源禀赋、利用资源的权利状况、幸福感等方面进行综合考虑。如果一个人贫困，则就体现在这些方面得不到基本的满足。③

在国内，人们对贫困的定义也主要表现为单项式界定和综合界定两种。其中，单项界定主要侧重于人的经济收入水平和物质生活。国家统计局认为，贫困是个人或家庭依靠劳动所得和其他合法收入不能维持其基本生存需求的状况。有学者认为，贫困是缺乏生活资料、缺少劳动力再生产的物质条件或者因收入低而仅能维持相当低生活水平的生存状况。这种对贫困的单项定义的优势在于可以测量实际发生的贫困。其缺点在于其比较片面，准确性不高，并且在逻辑上也有自圆其说之嫌。也就是说其把贫困这种非常复杂的社会经济现象作了不恰当的简化。在实际反贫困工作上，如果社会普遍贫困，并且收入低得非常突出，则单项式贫困定义则能对工作起到有效的针对性指导作用，但如果收入低的问题是由诸多社会经济问题所形成的，则使用单项式定义来指导反贫工作是远远不够的。

为了弥补单项式贫困定义的不足，研究者又提出了综合式的贫困定义，并且人们对这种定义的关注在逐渐上升。综合式定义方式认为，贫困除了表现在低收入和低生活水平之外，还表现为社会、文化等方面的不发达状态。童星、林闽钢认为，贫困是经济、社会、文化落后的总称，是由低收入造成的缺乏生活所需基本物

---

① 阿马蒂亚·森. 贫困与饥荒 [M]. 王宇，王文玉译. 北京：商务印书馆，2001.
② 杨立雄，谢丹丹. 绝对的相对"亦或"相对的绝对——汤森和森的贫困理论比较 [J]. 财经科学，2007（1）.
③ 阿马蒂亚·森. 评估不平等和贫困的概念性挑战 [J]. 经济学季刊，2003（2）.

质和服务以及没有发展机会和手段这样一种生活状况。康晓光则指出，贫困是一种生存状态，在这种生存状态下，人由于长期不能合法地获得基本的物质生活条件和参与基本的社会活动的机会，以至于不能维持一种个人生理和社会文化可以接受的生活水准。

相较于单项式贫困定义来说，综合式贫困定义的测量难度比较大，难以对社会生活、政治生活、文化生活等方面的指标进行测量，当然其所具有的优点也是显而易见的。从这种定义中可以得知，贫困除了表现为收入水平低之外，还表现为对社会、政治、文化生活的参与水平低。甚至收入水平低就是因社会、政治和文化生活参与水平低而形成的。但从总的方面来看，综合式贫困的定义仍然不够严谨。

总之，由于贫困问题非常复杂，很难找到一个贫困的公认的定义。单项式的定义虽然便于操作，但却不能将贫困真实、全面地反映出来，而综合式的定义则难以对贫困进行定量的测量，并且也很难全面概括贫困的复杂内涵。国际上认为综合式贫困定义更贴近贫困的现实，但我国一直沿用单项式的贫困定义来指导反贫困工作。

（二）贫困的分类

在通常情况下，贫困是指一个社会或地域在经济收入、生活状况、文化水平等方面所表现出来的落后状态。根据不同的角度，我们可以将贫困分为不同的种类。例如，根据贫困程度的高低，可以将贫困分为相对贫困和绝对贫困，其中相对贫困是指能够保障基本生存状态，但其所占有的社会财富份额和社会收入份额较少。而绝对贫困则是指基本的生存状态得不到保障，生存受到威胁。根据发展情况，可以将贫困分为生存型贫困、温饱型贫困和发展型贫困。其中，生存型贫困是指生活资料匮乏，难以满足最低的生活条件，生存型贫困是一种处于绝对状态下的贫困。温饱型贫困是指温饱问题基本解决，但在经济上依然拮据，生活水平不高，在遇到困难时难以应对，很难获得发展的状况。而发展型贫困则是一种温饱无忧，但发展相对贫困的状况，相对来说，发展型贫困的贫困度最低。

（三）高校家庭经济困难学生概念的界定

顾名思义，高校家庭经济困难学生是指由国家招收的，但家庭经济困难，无力支付教育费用或支付教育费用很困难的普通高校学生。其中，教育费用主要是指学生在就学期间的学费、生活费、住宿费、书本费等。

从总体上来看，高校家庭经济困难学生属于相对贫困、发展型贫困。也就是说，相较于其他青年弱势群体，大学生贫困只是一种阶段性的贫困。他们的这种贫困主要发生在大学就读期间，而在毕业工作后，这种贫困就会得以慢慢缓解和消除。大学生的贫困是从高等教育的高收费，家庭收入和支出的不平衡，在短期内处于无力支付大学费用的状态。由于大学生的贫困是个人求学发展阶段的贫困，表现出明显的条件性、暂时性和相对性特征，因而其属于相对贫困、发展型贫困。

二、高校家庭经济困难学生产生的原因

（一）历史发展过程中产生的原因

1. 社会主义市场经济体制改革中城乡、区域经济发展不平衡造成的

我国幅员辽阔，各类地形、地貌遍布，在经济发展方面，各地也表现出明显的不平衡。从东到西，经济发展表现出梯度发展的特征，当然，这种局面的形成既有自然的因素也有历史遗留的原因。在社会主义市场经济体制建立之后，经过几十年的发展，我国民众的生活水平得到了极大的提高，但在经济发展上，城乡、区域仍然存在发展不平衡的现象，在有些方面，这种不平衡现象还在逐渐加剧。在市场经济条件下，传统工业对能源和资源的依赖程度较高，从而使得能源和资源的分布差异导致区域之间产生差异；而进出口贸易的繁荣，又会使得海陆交通枢纽地区比较发达；诸如金融、软件、生物科技等产业主导因素的转移也会对地

域发展水平产生影响，使得一些地区和城市建立比较优势。以上产业对传统区域发展因素不具依赖性，但这些产业主要表现出先行的优势，也就是说，哪个区域起步早，其就发展快。同时，城乡经济发展的不平衡现象也随之而来，成为一个影响贫困人口产生的重要因素。"城市以工业为主，并以先进技术和现代化大生产要求组织生产；农村以农业为主，抑制其他产业的发展，并囿于传统的组织方式和生产方式。"① 在农村，农业毫无疑问是其支柱，在市场经济改革过程中，其落后于城市的发展是一种必然。经济发展的不平衡会直接导致居民收入水平的不平衡，特别是对低收入居民来讲，他们的收入会越来越低。在经济发展落后地区，有很大一部分的城镇居民的收入低于全国平均水平，出身于这些家庭的学生，如果到经济发展水平相对较高的城市上大学，除了要支付高额的学费之外，还要承担增加的日常消费支出，由此使得家庭经济不堪重负，最终造成生活上的贫困。当前，造成高校家庭经济困难学生增多的因素中，经济发展不平衡是一个重要的因素。

此外，在城市经济体制改革中，因一些竞争能力较差的企业的经营不佳产生了大量的下岗失业人员。在这些人员中，部分人员因为自身的文化素质、技能等因素的影响，难以再就业，缺乏经济来源。对于劳动者来说，失业就意味着收入来源的丧失，由此就可能使家庭生活陷入困境。在支付子女上大学的费用方面也会遇到很大的困难。这也是导致高校家庭经济困难学生增多的一个重要原因。

2. 教育体制改革中教育收费增长造成的

伴随着社会主义市场经济体制改革的深入，那些与计划经济体制相适应的体制与政策也在逐渐进行改革。为此，我国高等教育体制也要因此取得新的突破。自上世纪 90 年代以来，国家不再包揽上大学学生的费用，逐渐实行收费制度。我国高等教育投资

---

① 刘斌、张兆刚、霍功. 中国三农问题报告 [M]. 北京：中国发展出版社，2004.

体制的改革的进展主要表现在由少量"自费"试点，到"双轨并存"（既有自费、又有公费），再到"收费制"基本确立，这一举措，开辟了家庭和个人投资的新渠道。这也是高等教育由精英式向大众化转变的一个关键环节，同时也弥补了我国教育经费不足的短板。当然，这一制度的改革也带来了诸多的问题，由于收费制的确立并未兼顾中低收入家庭的经济承受能力，从而使得高校家庭经济困难学生人数增多，尤其是在高校扩招和收费强制性力度加大之后，高校家庭经济困难学生的人数明显增多。

此外，人们收入的增长跟不上高校收费的增长也是导致高校家庭经济困难学生增多的重要原因。从我国高校由 1989 年实行收费制度的 200 元到目前的 5000 元到 1 万元不等，高校收费以大于 1989 年 25 倍以上的速度增长，而同期城镇居民人均年收入只增长了 4 倍，扣除价格因素实际增长 2.3 倍，大学学费的涨幅几乎 10 倍于居民收入的增长。[①] 同时，高校学生在校平均所需费用占居民家庭平均收入的比重较大，大学本科四年，大概要花费 4 万~6 万元，这一笔费用是一般的家庭所承受不起的。据中国统计年鉴公布的数据，1990 年我国农村居民家庭人均纯收入为 686.3 元，城镇居民家庭人均可支配收入为 1 510.2 元；2000 年我国农村居民家庭人均纯收入为 2 253.4 元，城镇居民家庭人均可支配收入为 6 280 元。2000 年，我国农村居民家庭年纯收入为 7 053.14 元，城镇居民家庭年可支配收入为 19 656.4 元，高校人均学费占农村家庭年收入的 5 成，城镇居民家庭的 18%。如果再考虑居民收入差距的因素，按一个大学生一年学费、住宿费、生活费共 8 000 元计，农村每户按平均 4.2 人计，占全国人口 69.11% 的农村人口中约有 5 成的农户家庭一年全部收入只够一个在校大学生的消费，约有 2 亿的农户年全部收入无法支付一个大学生在校所必需的消费。[②] 由此可知，人均收入的增长速度远远低于高等学校收费的增长速度，从而使得广大农民和部分城市低收入阶层难以承受，最终使得大

① 刘玉松.大学学费 18 年涨了 25 倍 [N]. 合肥晚报，2007 年 1 月 11 日.
② 郑勇.高校贫困生成因与援助方式选择 [J]. 南京政治学院学报，2003（2）.

量家庭困难学生出现。

（二）教育经费不足的影响

教育需要投入大量的资金，这是一个不争的事实。无论任何国家，都会在资金上遇到不同程度的困难。我国人口基数庞大，因而在发展高等教育方面必然会遇到更大的经济困难。据相关调查显示，1997 年公共教育支出占 GDP 比重的世界平均水平为 4.8%，发达国家为 5.1%，欠发达国家为 3.9%。自 1992 年以来，我国在教育经费上的投入虽然在不断加大，但目前全国财政性教育经费占 GDP 的比例仍然不高，在教育经费的总体投入上仍然不足。因此，在这种情况下，高校实行收费来促进教育的发展是一个必要的方式。当前，高等教育收费制度改革措施的实施，是大力发展高等教育的需要。伴随着高校的扩招，原定 2008 年适龄青年高校入学率达到 15% 的目标，在 2003 年就已经实现。高等教育进入大众化阶段。然而，原定 2000 年国家财政投入占 GDP 的比例要达到 4% 的目标，到 2004 年，只占 2.79%，与 4% 的目标还有较远的距离，与 5.1% 的世界平均水平相距更远。① 我国对教育经费的投入，在世界 151 个国家的排名中，教育投入占财政支出比例位居第 149 位，低于最不发达的非洲国家。中国经济每年以高于 7% 的速度增长，教育费用却一直裹足不前。

（三）传统观念的影响

1. 在"多子多福""养儿防老"等传统观念的影响下，子女众多，家庭负担加大

在高校家庭经济困难学生中，大部分来自农村多子女家庭。由于多数农村地区生产力水平低下，生活方式落后，各类社会保障制度尚未建立，又加之"养儿防老""多子多福"等传统观念的影响，使得这些地区出现越穷越生，越生越穷的现象，这一现象的出现，使得农村家庭贫困变得更为显著。由此也必然会使得

---

① 王秀勇.转轨时期高校贫困生资助困境与对策 [J]. 平顶山学院学报，2006（6）.

出身于这些家庭的高校学生出现贫困问题。农村的收入来源比较单一，教育支出占农村家庭支出的很大比重，如果子女多，供养的学生多，那么贫困就成了一种必然。

2.“鲤鱼跳龙门”的传统思想使越来越多家庭困难学生走进大学校门

经济困难的家庭基本处于经济欠发达地区，在“鲤鱼跳龙门”的传统思想的影响下，他们将改变家庭状况的希望寄托在子女身上，将最大的投资放在子女的教育上。在许多家长和学生心中，“鲤鱼跳龙门”占据着很重要的位置，通过上大学，最终摆脱贫穷和落后是每一个家庭的愿望。为此，越来越多的经济落后家庭的子女从大山、乡村中走出来，进入大学校园，也由此成为高校中弱势群体的一员。

（四）其他特殊原因的影响

造成部分大学生经济困难除了以上所讲的社会和传统观念的因素之外，还有以下一些特殊的原因。

1. 部分大学生经济上无依靠，生活得不到保障

一部分来自多子女家庭的学生大多是父母年迈或是劳动能力低下，经济上无依靠。在这类家庭中，经济来源比较单一，甚至保障不了最基本的生活，支付大学生在校的各种费用更是难以企及的事情。因此，这部分学生在高校学习期间必然非常艰难。

2. 一部分学生的家长患病、遭遇意外或家庭发生变故

在高校大学生中，部分学生的家庭因家庭成员得了重病，负债累累，难以支付孩子的教育费；有的是因意外事故造成家庭成员死亡或严重残疾，最终使得家庭收入减少，经济拮据，进而造成学生在校期间的生活和学习困难；有的是因父母离异，经济收入不稳，难以支付教育费；有的是因遇上自然灾害等使得家庭经济收入锐减，导致家庭经济困难，无力支付教育费。尤其是对那些来自经济落后地区的学生来说，一旦家庭主要劳动力出现变故，那么其家庭经济就会陷入极大的困境中，甚至连最基本

的生活都得不到保障。

（五）当前的资助体系有待进一步完善

为了更好地帮助高校家庭经济困难学生，党和政府一直在不断地建立和完善经济困难学生资助体系。迄今为止，已初步建立起一种以奖学金、助学贷款、勤工助学、困难补助、减免学费和绿色通道为主要内容的助学体系。各高校可根据自身的实际情况对家庭经济困难学生实施奖、贷、助、补、减等助学手段。此外，社会各界也可以其他方式来资助和帮扶家庭经济困难学生。不可否认，我国在帮扶和资助高校家庭经济困难学生方面的确取得了较大的成效，但同时我们也应该意识到，在这方面我们仍然存在诸多的问题和不足。

首先，在奖学金的颁发中，家庭经济困难学生与优秀生不对等。作为一种学校对家庭经济困难学生的重要资助手段，虽然其颁发给学生的数量会根据具体情况有相应的增加，但在获得的学生中，家庭经济困难学生的人数只占其中的一小部分，这是因为家庭经济困难学生大多来自老、少、边、穷地区，学习基础不如家庭经济条件较好的学生，因而在学习上难以望其项背，最终使得其因学习成绩的原因而得不到奖学金。

其次，国家助学贷款机制还不完善，存在的问题较多，例如放贷银行的积极性不高、学生信用意识淡薄、学校缺乏相应的管理等，最终影响助学贷款的推行。

再次，勤工助学资金匮乏，所提供的岗位有限，相应的待遇不高。同时，学校对学生在勤工俭学方面的引导和教育不足，部分家庭经济困难学生难以处理好学习和工作的关系，捡了芝麻丢了西瓜，最终使得勤工助学效果不理想。

最后，获得减免学杂费和专门困难补助的家庭经济困难学生的人数很少。对于经费不足的高校来说，减免学费政策难以正常推行、实施。在政府拨款有限、学校经费紧张的情况下，所采取的奖、贷、助、补、减等措施就会相应地增加政府投入和减少学校收入，最终影响对家庭经济困难学生的资助。也正是由于这些问题的存在，使得高校家庭经济困难学生问题一直存在。

第二节　高校家庭经济困难学生的现状与分析

一、高校家庭经济困难学生的经济现状

对高校家庭经济困难学生来讲，经济生活的困难是导致一切问题的根本原因。在大学期间，家庭经济困难学生除了不断节省必不可少的伙食费之外，还要疲于应付必要的日常生活用品支出和人际交往支出，在衣、食、住等方面，他们与其他同学之间存在很大的差距，在很多方面都表现出窘迫。当然，生活上窘迫可能只是一段时期，但学习费用的缺乏则会让很多家庭经济困难学生难以获得更多的学习和培训机会，最终使得其在就业上也落后于其他学生。在大学期间，学生有很多的学习机会，但面对高昂的费用，许多家庭经济困难学生只能望而却步。

在进入大学校门之时，家庭经济困难学生的个人综合素质就明显低于其他学生，他们大多数来自弱势家庭，社会地位不高，家庭经济条件不好，所承受的经济压力和心理压力都非常大，进而使得他们在进入大学校园时，很难在短期内适应，也不能和其他同学站在同一起跑线上，努力提高自己。因此，在个人发展方面，家庭经济困难学生由于经济条件的限制，不能进行高成本的投资，有的还会因此而封闭自己，不与他人接触，最终影响自身的发展。

二、高校家庭经济困难学生的思想现状

在思想方面，高校家庭经济困难学生往往都比较单纯，在家庭成员的勤劳节俭的生活习惯的影响下，他们形成和保持了优良的生活作风。相较于其他大学生，他们具有较强的独立性，思想

也比较成熟，在"知识改变命运"的引导下，他们在学习上非常勤奋、刻苦，面对家庭的企盼和生存的压力，绝大多数都会表现出积极进取的态度。例如，面对当前的困难，多数家庭经济困难学生都能够坦然正视，乐观、积极，勤奋好学，思想上进，在各方面都表现出较大的热情和较强的责任心。

但是，伴随着改革开放的进一步深化和科学技术的发展，家庭经济困难学生在思想上也发生了较大的变动，他们的思想和价值取向也表现出多元化发展。在部分家庭经济困难学生看来，自己上了大学就已经实现了脱贫的梦想，社会责任感有了不同程度的减弱，在组织纪律上意识淡薄，表现出一些消极的思想状况。

（一）自立自强意识淡薄

在很多家庭经济困难学生的脑海中，"自立求学"的观念不强，在面对学费问题和生活困难时，他们对学校存在很强的依赖性。自古有言，穷人的孩子早当家，但在家庭经济困难的学生中，仍然存在等、靠、要的思想，自立自强的意识不强。部分家庭经济困难学生即便是获得了一份珍贵的勤工俭学工作，也表现出一种不屑，不愿吃苦。也有部分家庭经济困难学生在最初誓言立志成才，依靠自身的努力来解决学习和生活上的困难，但最终由于对生活艰难的认知不足，承受挫折、克服困难的心理准备不足，行为的动力水平不高，而表现出退缩。当他们发现自身的努力得不到相应的回报时，就会过多地强调经济 贫困的社会原因，表现出对社会或学校的不满。

（二）缺乏责任意识

在家庭经济困难的学生中，大多数人的学费都是通过家长向亲朋好友借贷过来的，一家人都希望其将来能有所成就，改善家庭状况。但面对这来之不易的学习机会，部分家庭经济困难学生并未珍惜，在学习上没有合理的学习目标和计划，在思想上无视家长的期望，缺乏责任意识。有的家庭经济困难学生对家长和学校的良苦用心视若无睹，甚至还怨恨父母给不了自己优越的学习条件，最后发展到怨恨社会，怨恨家庭经济条件优越的同学。在日常的学习和生活中，他们过于攀比、爱慕虚荣，将学校的资助和补贴用在不切实际的地方，对自己和家庭缺乏责任心。在择业时，从不考虑自身所学能否得到有效的发挥，能否更好地为社会作出贡献，而是以工作环境的好坏、工资的高低来选择工作单位和工作岗位，这些都表现出他们的社会责任感减弱，价值观向个人利益倾斜。

（三）缺乏感恩意识

由于生活背景比较特殊，又加之现实生活的残酷，使得家庭经济困难学生的心灵不时地受到创伤，在经历一次次的挫折和失败之后，他们的思想也发生了一定的变化。面对当前的困难，有的学生不能正确地面对，而是将其归结为国家和社会分配的不均，对周围世界充满了敌意和愤怒。在得到学校的补助和勤工助学机会时，表现出一种理所当然的状态，并未有感恩之心，在工作上也是敷衍塞责，缺乏责任心。

（四）人生观、价值观模糊

面对窘迫的家庭经济环境和拮据的校园生活，一些家庭经济困难学生在心理上产生了强烈的自卑。在进入大学后，面对诸多的新鲜事物，发达的经济等，在自卑心理的影响下，极易使自身的价值观偏离正轨。在很多家庭经济困难学生看来，他们刻苦学习的目的就是为了将来能够挣大钱，摆脱现在的经济困境，不能树立起正确的人生观和价值观，最终对自身的职业生涯和发展方向产生影响。当前，价值取向功利化、人生目标现实化已然成为这部分大学生思想的主流。

当然，家庭经济困难学生这种思想的形成也有一定的社会环境原因。在其他学生中，这种思想也在一定程度上存在，但其在经济困难学生中表现得比较突出。由于多数家庭经济困难学生都是出身于农村或是下岗工人家庭，因此，在面对贫困的家庭环境和拮据的生活时，他们比其他学生更加注重实效，表现出很强的现实性。在走出农村、赚大钱等思想观念的影响下，他们很少对生活的目的和意义引起关注，反而侧重于对现实的需要，讲求实惠，追求物质利益。这就使得他们一般会选择好就业、实用的专业进行学习，将参加活动、入党等作为自己今后参与社会竞争的资本，以工资收入的高低来决定自身的工作去向。

三、高校家庭经济困难学生的学业现状

在部分家庭经济困难学生看来，贫困是促使他们学习的动力，大多数家庭经济困难学生都有自尊、自强、自信、自立的精神。他们能够端正思想，正视困难，勤俭朴素，吃苦耐劳，节衣缩食，努力而优秀地完成学业。但同时，他们也存在诸多的问题。

（一）学习压力过大

伴随着社会的发展，社会对人才的要求也在不断提高，大学生的学习压力也越来越大。相较于其他学生，家庭经济困难学生的学习压力更大。在面对繁重的学习压力的同时，他们还要承受拮据的生活压力，部分家庭经济困难学生在食堂选择菜品时也要精打细算，斟酌再三，为了缓解经济压力，想尽一切办法去赚钱，并且刻苦学习，力求获得奖学金。打工跟学习争时间，争精力，长此以往，很多家庭经济困难学生感到身心俱疲。

（二）基础薄弱，知识面窄

在学习上，家庭经济困难学生明显表现出基础薄弱、知识面窄的状况，而这些都与他们来自经济、文化、教育相对落后的地区有着很大的关系。

（三）勤工俭学耽误学习时间

为了减轻家庭的经济负担，多数家庭经济困难学生会选择勤工俭学来缓解。对部分这类学生来讲，由于没有处理好学习与工作之间的关系，时常处在一种想赚钱又怕耽误学业的矛盾之中，

很难全身心地投入学习。从某种程度来讲，勤工俭学会对经济困难学生产生一定程度的影响，部分学生因为勤工俭学耽误了学习，学习成绩踌躇不前，特别是对那些从事商品经营勤工俭学的学生来说，工作耗费了他们大量的时间和精力，无法顾及学习，最终使得勤工俭学变成了"勤工误学"。

（四）综合素质和能力有所欠缺

在综合素质和能力方面，家庭经济困难学生也表现出欠缺，如性格气质、风度、谈吐、特长才艺、语言表达能力、组织管理能力、信息获取能力、社会实践能力、人际交往能力等。由于家庭经济困难学生大多来自农村和偏远的山区，各方面的条件都比较落后，考试的分数是衡量他们学习好坏的唯一标准，诸如音乐、美术、体育等课程完全被忽视，素质教育落实不到位。在进入大学以后，很多家庭经济困难学生为了生计不得不放弃一些锻炼自身能力素质的机会，而这些又恰恰是用人单位所看重的部分，从而使得他们在就业竞争中处于劣势。总而言之，综合素质与能力的缺乏是制约家庭经济困难学生成才和发展的主要因素。

四、家庭经济困难学生的心理现状

在心理上，家庭经济困难学生承受着多方面的压力，如学业压力、社会环境压力、人际交往压力等。在寻求突破困境中，他们表现出坚毅的个性，许多优秀的学生可以从自身的心理障碍中走出来，不断地塑造自己，进而走向成功。但是，在家庭经济困难学生中也存在一些不良的心理状态，如果不能对这些心理因素进行正确、及时的引导，就会对他们产生恶劣的影响，最终对他们的身心健康带来不利影响。当前，高校家庭经济困难学生的不良心理状态主要表现在自尊与自卑并存，焦虑，自我封闭，虚荣攀比，行骗、犯罪等方面。

（一）自尊与自卑并存

当前，家庭经济困难学生的心理状况突出表现为自尊与自卑并存。自卑和自尊成了家庭经济困难学生生活的两极，无论是强烈的自尊还是过度的自卑，都会对他们的学业和人际关系带来极大的影响，都不利于他们的健康成长。

对家庭经济困难学生来说，经济上的困难给他们带来了极大的心理压力，同时也让他们努力维持着自身的尊严。但是，由于他们缺乏社会经验和阅历，以及心理上的不成熟，使得他们对周围的人和事都比较敏感，表现出很强的自尊心。

在面对困难时，由于自尊心的存在，使得他们不愿向他人求助，导致问题无法得到解决，进而产生自卑的情绪。自卑是一种轻视自己的心理，认为自己不如他人，进而产生一种退缩、丧气的情感。部分家庭经济困难学生在看到其他学生的挥霍和不良表现时，再对比自身的经济拮据，时常会感到自惭形秽，担心、害怕他人看不起自己。高昂的学费和日常生活开支给家庭经济困难学生带来了极大的压力，多数家庭经济困难学生出身于农村家庭或是家庭经济条件不好的城镇家庭，文化环境和教育条件都比较落后，从而使得他们的综合素质难以比拟其他学生，个性也得不到充分的发展。通常，家庭经济困难学生都是在艰苦的环境下长大的，他们除了学习成绩优秀之外，其他的能力素质都比较差，在文体活动和社会交往上表现出胆怯的心理，这些都极大地影响了他们的自尊心，使得他们怯于与他人进行交往，不善言谈，不愿交际，表现出较强的自卑心理。

（二）焦虑是常见的心理问题

焦虑是一种复杂的负面情绪，其是指一种缺乏明显客观原因的内心不安或无根据的恐惧。焦虑对个体的和谐发展有着重要的影响。

多数家庭经济困难学生出身于经济欠发达地区和城镇低收入家庭，他们缺乏可靠的生活保障。他们上大学的费用大多是靠家长借或是贷款而来的，生活费非常少，在日常学习和生活中处处都要精打细算，对聚会、集体活动的开销顾虑重重，经济上的困难极大地影响了他们心理的正常发展，破坏了他们的正常参与意识，遏制了个性发展。在这种情况下，长此以往，家庭经济困难学生就会产生一种焦急、烦躁、忧虑的情绪和心理，最终影响他们的学习和健全人格的培养。

（三）长期抑郁导致自我封闭

导致家庭经济困难学生产生抑郁心理的原因主要体现在经济方面。在进入大学校园之后，接触了很多以往未曾接触的新鲜事物，也看到了自身与其他学生之间的经济条件差距，由此很容易产生心理不平衡。此外，大多数家庭经济困难学生往往都具有内向、谨慎、情绪不稳定、参与社会的程度较低等特征。而这些是造成他们心理抑郁的重要因素。

家庭经济困难学生由于无法倾诉内心的郁闷，总是在潜意识里认为他人看不起自己，不屑与自己交往，进而难以集中精力进行学习和工作。在长期的忧郁和焦虑的气氛下，以及自身强烈的自卑心理的影响下，他们难以完全把控自己的情绪，对自己的人生观、价值观失去信心，最终因无法找到正确的途径来满足自己的物质和精神需求而心理失衡。他们的这种心理失衡通常表现在行为无所适从、不想和人交往、不愿参加集体活动等方面。在校园里，他们的情绪比较低落，精神抑郁，自我封闭，缺乏对自己和生活的自信。如果不能对这些学生从自卑到抑郁的心理转变过程进行正确的调节和引导，就很有可能使得他们进一步封闭自己的心理，最终抑郁寡欢，进行自我封闭。

（四）虚荣攀比心理较重

据相关调查显示，虚荣攀比心理也是高校家庭经济困难学生存在的一种重要心理，是他们自卑心理的一种演化。

面对自身的处境和寒酸的外表，家庭经济困难学生会时常感到羞愧，不愿承认自己是家庭经济困难学生，更不愿意让别人知道和了解自己，在平时的学习和生活中也极力地伪装和掩饰自己，有的家庭经济困难学生甚至不愿被学校确认为家庭经济困难学生，不愿公开自己的困难，也不愿接受社会、学校、师生的援助，甚至有的家庭经济困难学生为了追求心理上的平衡、维护自己的尊严，爱慕虚荣、盲目攀比。这些都体现了他们不敢承认和面对现实，追求虚荣的心理。

（五）行骗、犯罪心理

在个性心理方面，个别家庭经济困难学生表现出自我素质低、自制力差、自私自利、占有欲强、法制观念淡薄，经受不住贫穷的磨难或者对社会及富裕的人抱有抵触、敌对、报复心理。他们视校纪校规为无物，甚至在校内外从事行骗或者刑事犯罪，虽然这类家庭经济困难学生只是少数，但他们所造成的影响极坏。

五、家庭经济困难学生的就业现状

由于家庭经济环境的影响，家庭经济困难学生大多偏向于尽快赚钱，减轻家庭负担。从总体上来看，他们在就业方面表现出迫于生计，讲求务实的特征，他们在积极择业的同时，也存在对就业形势严峻、就业门槛高、就业不平等现象的恐惧心理。因此，对家庭经济困难学生来说，他们在就业上大多存在一定程度的问题。

（一）家庭经济困难学生求职总体处于弱势

从总体上来看，家庭经济困难学生在求职中处于弱势，尤其是在城市白领岗位的就业竞争中，他们的这种弱势表现得更为明显。现阶段，就业成本在逐渐升高，高校贫困毕业生由于受到自身物质条件的限制和社会竞争环境的影响，他们在就业上往往处于弱势。又由于我国就业市场机制还不够规范和健全，一些不公平的就业现象仍然存在，这就使得贫困毕业生在联系工作单位方面处于不利的地位。据相关调查显示，相较于家庭经济条件好的毕业生，家庭困难毕业生在就业签约时间上明显滞后、签约率上明显偏低、就业岗位上明显偏差。据相关调查统计，高校贫困毕业生的就业率一般要比全校平均就业率约低 10%。①

---

① 张雪松，曹永胜.浅析贫困生择业弱势及应对[J].沧州师范专科学校学报，2004（2）.

（二）家庭经济困难学生求职压力更大，由此带来的求职心态不平稳

现阶段，大学生就业难已是一种普遍存在的现象，对于家庭经济困难学生来说，他们的就业形势更加的严峻。在他们心里都会普遍的感到谋求就业地位平等难、就业压力大。由于当前的平等竞争用人机制并不健全，从而使得学生的各种社会关系会对其就业产生很大的影响，这就在客观上给学生造成了竞争机会的不平等。这对那些经济基础差、社会关系弱、个人素质也不拔尖的家庭经济困难学生来说，无疑又是一个很大打击，面对这一情况，只能望洋兴叹，无法摆正心态，走出困境。

（三）家庭经济困难学生求职观念和求职倾向良莠不齐

由于长期受到经济的困扰，他们的价值观的发展也出现了一定程度的偏差，表现出不均衡状况。在这种情况下，使得他们在求职过程中求职观念和求职倾向表现出很大的不同。

伴随着改革开放的实施，我国各方面的发展都是日新月异，各种思潮也随之进入我国。面对这一情况，作为传播思想和文化的前沿阵地，高校就必须树立起正确的世界观、价值观，否则就会很容易受到不良思潮的影响。而家庭经济困难学生作为高校的一个弱势群体，其本身在思想上就存在一定程度的误区，伴随着社会的发展，他们当中的部分人在道德理想、人生目的等方面也发生了极大的变化。由于多数家庭经济困难学生来自于经济欠发达地区或城镇低收入家庭，使得他们在面对家庭的贫穷和经济拮据上比其他学生更注重实效，他们的价值取向更多地强调现实主义。

第二章 高校家庭经济困难学生的相关问题研究

高校家庭经济困难学生是高校的一个特殊群体，面对家庭经济的窘迫，社会的歧视、同学的轻视等，他们往往会产生各种各样的问题，如思想问题、心理问题、学业问题、就业问题等，最终使得他们长期处于一种消极的情绪状态。本章主要对家庭经济困难学生的思想问题、心理问题、学业问题进行分析和研究，帮助他们正确认识自己，走出心理阴影。

第一节 高校家庭经济困难学生的思想问题研究

一、高校家庭经济困难学生的思想现状

作为高校中的一个特殊群体，家庭经济困难学生也越来越受到国家、社会和学校的关注。通过国家、社会和学校所采取的一系列资助措施，家庭经济困难学生的经济困难也得到了一定程度的缓解。从整体上来看，高校家庭经济困难学生的思想政治状况是积极、健康的，他们普遍都表现出自尊、自强、自信、自立的思想，他们热爱祖国和人民，有着远大的理想和抱负等。但我们也应当注意的是，诸如思想偏激、缺乏面对现实的勇气、缺乏自

立自强意识、对社会不满等消极思想问题和现象在家庭经济困难学生中仍然存在。

为了更好地了解和掌握当前家庭经济困难学生的思想现状，我们有针对性的设计了人生目标、贫困观、自立自强、感恩、诚信等相关的调查问卷，对来自山东省八所省属大学院校的家庭经济困难学生作了问卷调查。

（一）关于人生目标

在问题"你的人生目标是什么"中，78.6%的学生的目标是"实现自己的价值"，34.8%的学生的目标是"得到他人的肯定"，25%的学生的目标是"实现国家振兴、民族富强"，23.8%的学生的目标是"衣食无忧"，15.8%的学生的目标是"赚钱"。从以上的这些数据中可以看出，绝大多数高校家庭经济困难学生都有较强的进取心，都力图通过自己的努力来实现自己的人生价值，得到他人的认可。同时，他们所表现出来的人生目标和志向也比较开阔，诸如"衣食无忧""赚钱"并不是他们的主要目的。

（二）关于贫困观

在对问题"如果你家境贫困，你会？"的回答中，85.5%的学生选择"坦诚承认"，12.2%的学生选择"不与他人说及"，只有2.0%的学生选择"假装富有"。由此可知，对于家庭贫困，绝大多数家庭经济困难学生能够积极面对，坦然接受，只有少数的家庭经济困难学生会隐瞒自身家庭的经济困难。

在对问题"你对贫困的看法"的回答中，80.3%的学生认为"可以通过自己的知识和能力来改变贫困"，77.4%的学生认为"贫困是人生的一种磨练"，14.6%的学生认为"贫困是社会分配不均的结果"，6.2%的学生认为"贫困是父母的错"，6.0%的学生认为"贫困是很难改变的"。通过这些统计数据可以看出，在对贫困的看法上，绝大多数的家庭经济困难学生还是比较客观的。但也有少数家庭经济困难学生的看法则比较消极、片面，而这些学生也正是思想政治教育的重点教育对象。

在对问题"你对家庭经济困难学生逆境成才的看法"的回答中，86.5%的学生认为"会有较大的困难，但自己会坚定目标，砥砺前行"，6.2%的学生认为"会因客观原因，致使自己无法实现目标"，3.7%的学生认为"主观原因导致自己做不到"，3.6%的学生认为"不清楚"。从这些数据中也可以看出，绝大部分家庭经济困难学生对自己身处逆境表现出坚强、乐观的精神，力求通过自身的努力，战胜困难。

（三）关于自强自立

在对问题"你对艰苦奋斗、自力更生的看法"的回答中，83.3%的学生认为"非常有必要提倡"，12.5%的学生认为"没有必要提倡"，4.2%的学生认为"提不提倡都无所谓"。从这些统计数据中可以看出，绝大部分家庭经济困难学生对艰苦奋斗、自力更生的做法是认可的。

但在对问题"对于你而言，你迫切需要哪些方面的思想教育"的回答中，42.8%的学生选择的是"自强自立教育"，36.6%的学生选择"自尊自信教育"，32.8%的学生选择"艰苦奋斗教育"，由此可知，在关于成长成才过程中的自我因素方面，贫困大学生比较关注。

（四）关于感恩意识

在对问题"经济资助让你充满了感谢之心"的回答中，77.7%的学生同意这一看法，12.5%的学生不同意这种看法，9.8%的学生认为"说不准"。由此可知，绝大部分家庭经济困难学生对经济资助充满了感恩之心，但也有少数家庭经济困难学生对经济资助则表现得比较漠然。造成这一状况的原因是多方面的，而这也正是具体帮困工作中所要关注的问题。

（五）关于诚信

在对问题"如果你要申请困难补助，对自己的家境你会⋯⋯"的回答中，75.2%的学生选择了"完全如实告知"，20.7%的学生选择"基本上如实说，适当地渲染"，2.5%的学生选择"刻意夸大自己的家庭困难"，1.6%的学生选择"编织谎言欺骗"。从这组数据中可知，绝大多数家庭经济困难学生在申请困难补助时会如实地向学校等资助方说出自身的家庭情况。

在对问题"你毕业后对所欠贷款？"的回答中，90.5%的学生选择了"一定按时偿还"，6.5%的学生选择了"往后拖，能不还就不还了"，1.7%的学生选择了"观望，看别人怎么办"，1.3%的学生选择了"不还"。从这组数据中又可看出，大多数家庭经济困难学生在对还助学贷款方面表现得比较的诚信，愿意按时偿还贷款。

在对问题"你认为欠贷逾期不还的行为是？"的回答中，67.9%的学生选择了"缺乏诚信"，22.7%的学生选择了"刚工作，经济实力不够，可以谅解"，7.1%的学生选择了"可能是忘记了，与诚信无关"，1.7%的学生选择了"法不责众，别人不还，我也不还"，0.6%的学生选择了"没有还贷压力造成的"。从这组数据中可以看出，大多数家庭经济困难学生认为欠贷逾期不还的行为是缺乏诚信的表现，但也部分家庭经济困难学生认为这种行为是可以理解的。

总而言之，高校家庭经济困难学生的思想状况在总体上是积极、健康、向上的，但我们也应该认识到，在家庭环境、成长因素等方面的影响下，家庭经济困难学生也存在一定消极表现，也正是由于这些消极表现的存在，使得他们很容易受到一些心理问题和行为问题的影响。因此，我们应该在正确认识高校家庭经济困难学生思想状况问题的前提下，根据他们的身心发展特点，有针对性地采取相应的教育方式或途径，加强他们的思想政治教育。

二、高校家庭经济困难学生思想问题的成因分析

（一）家庭方面的原因

1.家庭经济困境

在所有的社会现象中，经济是根本原因所在。因此，在寻找

影响高校家庭经济困难学生思想行为原因中，我们首先要做的就是对他们的经济状况进行考察。在面对巨大的经济压力时，如果自身不能进行良好地调节，就很容易产生各种各样的心理问题，进而又会导致诸多思想问题的产生。

据相关调查显示，超过半数的高校家庭经济困难学生认为经济压力是导致心理压力最主要的原因。在对家庭经济困难学生的个别访谈中，有的家庭经济困难学生说自己的心情总是很烦，无论是谁的帮助都无法改变这种状况。在问到是什么原因导致时，他们直言与同学的巨大经济差距使得他们在待人接物时总感觉抬不起头，在看待一些问题时，自己的思想也比较极端，总觉得社会不公平。由此可知，对家庭经济困难学生来说，经济问题使得他们承受着巨大的心理压力，对他们的心理和思想行为产生了极大的影响。

2. 家庭教育

在对学生个体性格的塑造中，家庭教育发挥着关键作用。受家庭的影响，子女往往会将类似的思想和行为融入到自己的学习和生活中，而无论是何种家庭问题，其都会直接影响到子女的思想品德。在有的贫困家庭中，父母把家庭的全部希望都寄托在孩子身上，为了孩子能够定下心来读书，他们不惜一切代价。而类似的这种无形的压力使得家庭经济困难学生不得不将自己更多甚至全部的精力放在学习上，鲜与他人或外界交往，而由此导致的社交能力、适应能力、承受能力较弱，又会使得他们在面对学习和生活中各类挫折时极易产生各类思想问题和行为问题。

（二）学校方面的原因

1. 教育体制

在中小学阶段，学校往往将学生的智力培养放在第一位，而对学生情感教育，逆境教育，人生教育，道德、法律、是非等方面的教育则有所忽视。在进入大学后，学习方式、学习环境、消费水平、人际关系等方面的变化，又在一定程度上增加了家庭经济困难学生的心理负担，最终使得他们极易产生思想问题。

2. 学校教育

在对家庭经济困难学生思想行为规范与引导中，高校思想政治教育有着十分重要的作用。但在实效性方面，高校家庭经济困难学生思想政治教育并没有达到理想的效果。其针对性不强就是一个最为明显的特点。一方面是对家庭经济困难学生的思想行为没有进行深入地了解，对他们的心理需求不清楚。在调动家庭经济困难学生的积极性上，思想政治教育并未发挥出应有的作用，未能掌握他们的真实思想动态。另一方面是思想政治教育内容和方式比较泛化。在安排的思想政治教育内容和教育方式上，对家庭经济困难学生的针对性不强，说服力比较弱。

（三）社会方面的原因

1. 两极分化现象

伴随着改革开放的进一步深入，我国社会经济得到了飞速的发展，人们的生活水平也得到了显著的提高，在国际上的影响也越来越大。但我们也应该意识到，在全国范围内我国的经济发展水平并不平衡，地区之间、城乡之间居民收入存在差距，呈两极分化现象。经济发达地区与落后地区以及城市和农村的家庭对子女就学的经济承受不同，从而使得学生的贫富差距较大。对于这一社会现实，部分家庭经济困难学生难以产生正确的认识，所表现出来的思想看法比较偏激、激进，埋怨国家政策，不满社会，认为政府应当对此"买单"。而这些又必然会使家庭经济困难学生产生思想行为偏差。

2. 市场经济效应

社会主义市场经济所带来的有利变化，我们有目共睹。但我们也应该认识到，其在给我们带来正面效应的同时也带来了一些负面效应。在社会主义市场经济体制逐步建立和完善的过程中，一些人为了谋求私利，产生了一些不良的社会行为，如投机倒把、缺乏诚信、腐化堕落、个人主义、享乐主义等，而这些不良的社会行为又必然对家庭经济困难学生思想的健康发展带来不利影响，使得他们的世界观、人生观、价值观偏离正常的发展轨道。例如，在申请助学贷款时缺乏诚信，蓄意夸大经济困难事实；不按时归还助学贷款等。

3. 腐败现象

伴随着我国改革开放政策的实施，西方国家价值观念和生活方式也逐渐进入我国，影响着我国民众的思想方式和行为方式。在我国经济体制和政治体制的改革过程中，部分党员干部面对繁杂的物质世界的诱惑时，信念发生动摇、是非不分、荣辱不辨、拜金主义、享乐主义、个人主义滋生，最终出现以权谋私、贪污受贿等腐败丑恶现象。而这些腐败现象又必然会对家庭经济困难学生政治情感和政治态度带来负面影响，助长他们对社会现实和政治现状的不满，对思想政治教育的反感、怀疑和否定。

（四）个体方面的原因

1. 认知观念

大学生是一个特殊的社会群体，他们具有较强的自我意识，热衷于参与社会，社会责任感较强。但由于他们涉世不深，社会实践能力较弱，从而使得他们在看待和思考社会问题时，常常不切实际、抱有幻想。在对事物的认识上，他们表现出一定的片面性和幼稚，还不能深入、准确、全面地认识问题。对于家庭经济困难学生来讲，他们往往从小生活在外部刺激单一的生活环境，思维模式比较单一，在进入大学后，面对错综复杂的外部刺激，他们很难适应。因此，相较于其他学生，高校家庭经济困难学生在认识和处理问题上更容易表现出片面性、幼稚性、极端性的特点，也更容易产生一些思想行为问题。

2. 个性特征

个性特征是指个体在心理活动过程中所表现出的稳定的、独特的心理特征，如气质、能力、性格等。心理学研究表明，在面对外部刺激或压力时，个性特征可起到一定的调节或缓解作用。也就是说，在同样强度的外部刺激下，良好的个性特征可使个体免于产生心理或行为问题，而不良的个体特征可能会增加心理或行为问题产生的可能性。家庭经济困难学生虽然勤奋、进取、不怕苦，但在经济条件的制约下，他们会觉得自己在很多方面都比不上别人，不愿参加集体活动，敏感、多疑、自卑，这些都在一定程度上对他们的身心健康发展产生负面影响。

三、解决高校家庭经济困难学生思想问题的途径与措施

（一）当前高校家庭经济困难学生思想政治教育中的不足

伴随着经济的发展和经济全球化的到来，大学生的思想行为特点也发生了一定的变化，他们的主体意识觉醒，思想选择性增强，更加关注自我，但他们的权威意识淡化，个性突出，行为方式也呈现出多样化。对高校家庭经济困难学生而言，他们的心理特征和需求也呈现出新的变化，由此，传统思想政治教育也表现出多种不足。

1. 缺乏以人为本的工作理念

传统的学生工作模式主要是依托学生工作者对学生进行思想辅导和业务指导的管理模式。[①] 在这种工作模式下，学生工作者和教育者所充当的是管理者和教育者，他们与学生之间的关系是上级和下级、主动和被动的关系。在这种不平等的关系之下，思想政治教育在实施过程中强调教育与灌输的原则，提倡教育者处于主导地位。而这种教育方式又恰恰没有充分考虑到学生的人格、尊严和个人感受等，在一定程度上缺乏以人为本的工作理念。[②] 在实际工作过程中，部分学生工作者甚至会作出一些有背教育目的的行为，例如，为了达到榜样示范、激励后进的教育目的，恣意强制要求学生进行"巡回演讲"或接受媒体采访等。而这些行为的出现，不但不能达到教育的目的，反而会强化家庭经济困难学生"受资助"的社会身份，徒增他们的羞辱感和自卑心，挫伤他

---

① 寇富安、贾学政. 辅导员制·导师制·学长制——垂直型管理模式与立体复合型管理模式的比较分析 [J]. 学校党建与思想教育，2006（7）.
② 徐丽燕. 学校社会工作视野下关于高校贫困生心理救助问题 [J]. 广西青年干部学院学报，2008（3）.

们的自尊心。① 因此，在对家庭经济困难学生进行思想政治教育过程中，必须坚持以人为本的理念，有针对性地对他们施以教育，只有这样才能真正达到教育的实效性。

2. 忽视家庭经济困难学生的心理需求

心理需求，是指个体的一种缺乏状态，是心理上对自身生存和发展的客观条件的依赖和要求，是心理活动和行为的基本动力。传统的思想政治教育不能满足家庭经济困难学生多样化的心理需求。心理需求与教育相互联系、相互补充、相互促进。一方面，心理需求是教育有效性的基础和条件；另一方面，教育有利于心理需求的满足。从当前的现状来看，理论研究者和实际的工作实践者往往都侧重于对家庭经济困难学生存在的自卑、敏感、适应能力差、人际交往障碍、心理焦虑等消极方面的研究和关注，而对他们的交往需求、尊重需求、自我实现需求等积极方面的研究和关注则有所忽视。但是，通过对学生的内在心理需求的研究，就能够从完整的心理层面对他们的认知、情感和意志过程施加影响，进而调整他们的非理性认知观念和认知方式，使他们树立正确的世界观、人生观、价值观。因此，如果思想政治教育脱离了家庭经济困难学生特定的心理需求，缺乏指导性和针对性，那么最终的结果必然是收效甚微。

3. 缺少预防性和发展性教育

高校家庭经济困难学生的思想政治教育工作是一个长期系统的工作，需要有针对性地进行引导。但从当前高校家庭经济困难学生思想政治工作的现状来看，缺乏稳定的机制保障，随意性较大。从而使得学生问题的管理和处理流于形式，无法形成系统的、长期的工作机制。对于高校家庭经济困难学生存在各种心理问题和行为问题的事实，我们有目共睹，但在实际工作过程中却很少有人去追根溯源，有针对性地去完善他们的个性、发掘他们的潜能，使他们形成正确的世界观、价值观和人生观。诸如"防患于未然"的道理我们都懂，但事实上，我们所做的工作大都属于"亡羊补牢"，

---

① 范成杰，彭远春. 高校社会工作与大学生弱势群体关怀 [J]. 中华女子学院学报，2005（3）.

也就是说，我们现在大多是补救性教育，缺少的是发展性教育和预防性教育，而这又会对我们的工作成效产生影响。

4. 缺乏专业化的工作技能

伴随着科技和经济的发展，高校家庭经济困难学生的成长环境也发生了较大的变化，如交流网络化、思想多元化等，而这就要求传统的学生工作模式也必然要进行相应地改革。此外，由于家庭经济困难学生的思想状况具有丰富性和活跃性的特点，他们的主体意识、自主意识、参与意识也日益强烈。因此，传统的思想政治教育模式也表现出诸多的不足，其所取得的教育效果也越来越不尽人意。所以，我们必须根据新的形势，从大学生身心发展特点出发，探索新思路、采取专业化的工作方法，提高工作质量。

（二）加强和改进高校家庭经济困难学生思想政治教育的对策

1. 落实经济助困是改进高校家庭经济困难学生思想政治教育的物质基础

诚然，加强高校家庭经济困难学生的思想政治教育非常重要，但如果不解决他们的经济问题，那么对他们的思想政治工作就必然是收效甚微。为此，要坚持解决思想问题与解决实际问题相结合的原则。加强对家庭经济困难学生的资助工作，必须以政府投入为主，多方筹措资金，不断完善资助政策和措施，形成以国家助学贷款为主体，包括助学金、勤工助学基金、特殊困难补助和学费减免在内的助学体系。首先，国家要对助学贷款制度作进一步的完善，提出解决当前问题的措施；其次，要大力鼓励社会力量和企事业单位参与高校家庭经济困难学生的资助工作，多方筹措资金，充分拓展整合社会资源。

2. 专业化的工作方法是改进高校家庭经济困难学生思想政治教育的有效途径

作为一种专业性的助人工作，社会工作历来备受国内研究者的重视，并试图将其引入到思想政治教育当中。除了以心理学相关理论作为支撑外，其还对系统论、生态学、社会学、经济学等学科的基础观点有所借鉴。通过这种多元化的融合，使得我们在具体的工作中能够更加科学、全面地观察和处理问题。社会工作的功能和特点除了表现在心理咨询和辅导之外，其对社会资源的整合利用、环境对个体发展以及预防性功能和发展性功能方面也非常重视。因此，在对高校家庭经济困难学生进行思想政治教育过程中，我们可以从社会工作的专业性理念中获得启发，尝试个案工作、小组工作、社区工作等专业性的社会工作方法，博采众长，共同增强思想政治教育效果，使家庭经济困难学生树立正确的人生观、价值观、世界观，促进其健康成长成才。

3. 完善管理制度是改进高校家庭经济困难学生思想政治教育的有力保障

（1）确立高校家庭经济困难学生管理机构

当前，为了更好的对家庭经济困难学生进行资助和管理，多数高校已建立起专门的关于家庭经济困难学生的管理机构，并由专人专职负责。但从功能方面来讲，这一管理机构对对高校家庭经济困难学生的经济资助更为侧重，而在思想政治教育方面则相对较弱。目前，高校的思想政治教育工作主要由学校党政干部、共青团员干部、思想政治理论课和哲学社会科学课教师、辅导员和班主任来承担，而辅导员和班主任则是中坚力量。因此，要弥补这一方面的短板，高校家庭经济困难学生管理机构要借助高校现有的思想政治工作的管理机构，进一步强化对家庭经济困难学生的思想政治教育，形成以主管学生工作的党委副书记负责，党团工作者、政治理论工作者、实际工作者参与，具体的工作实施由各个院系的学生辅导员兼任和落实的管理体系。

（2）规范高校家庭经济困难学生思想政治教育工作的流程

为使高校家庭经济困难学生思想政治工作更具持续性和系统性，我们应当为其建立一套较为科学的工作流程。从大体上来看，高校家庭经济困难学生思想政治教育工作的流程可分为建立家庭经济困难学生档案、定性分析、制定工作方案和实施方案、追踪控制、反馈修正方案、完成帮扶工作等几个基本步骤。由于高校家庭经济困难学生具有多样性，因而在为他们建立档案时应当力求详尽。在具体的管理过程中，可以将对贫困的认识和对自身能力的认识作为分类标准，进行分类管理。针对不同类别的家庭经济困难学生，思政教育工作者可采取心理咨询、团体咨询、心理课程与个别辅导相结合的办法，或个案工作、小组与社区工作相结合的方法，使他们能够正确地认识和面对贫困，培养良好的心理素质，掌握必要的心理调节的方法和途径。

（3）落实高校家庭经济困难学生思想政治教育工作的考核制度

以定期考核和管理的方式来检验和评价高校家庭经济困难学生思想政治教育人员的工作成效是加强高校家庭经济困难学生思想政治教育重要途径。将考核结果与职务聘任、奖惩、晋级直接联系起来，建立符合高校家庭经济困难学生思想政治特点要求的工作考核体系，进一步完善工作职责规范和考核制度。

4.实现家庭经济困难学生道德自助是高校家庭经济困难学生思想政治教育的最终目标

高校思想政治教育的目的在于提高大学生政治觉悟和道德品质，帮助和促进他们树立正确的人生观、世界观、价值观。但我们也应该认识到，无论是何种教育，其要想取得一定教学效果，都离不开学生的自我教育。因此，在具体的思想政治教育工作中，我们应当充分调动家庭经济困难学生的主体性、主动性、积极性，不断地激发他们的内在潜能，促使他们进行自我教育，只有这样才能全面提升家庭经济困难学生的综合素质，确立家庭经济困难学生自我面对人生的勇气和信念，从根本上帮助家庭经济困难学生真正脱贫。

第二节　高校家庭经济困难学生的心理问题研究

作为高校的一个特殊群体，高校家庭经济困难学生的心理负担非常的沉重。他们除了要面对窘迫的家庭经济环境之外，往往还要面对社会的歧视、同学的轻视和排斥等外界压力以及内心无法解脱的心理矛盾，在这种情况下，他们极易产生挫折感，自身的情绪也比较消极。为此，对高校家庭经济困难学生的心理问题研究，帮助他们走出心理阴影，正确认识自己，具有十分重要的意义。

一、高校家庭经济困难学生心理问题现状及原因分析

（一）高校家庭经济困难学生心理问题现状

高校家庭经济困难学生问题是一个普遍的社会问题，这一问题的解决需要全体社会成员的关注和支持。在高校家庭经济困难学生群体中，由于经济上的巨大压力，使得他们必须要承担比其他学生更大的心理压力，从而导致他们极易出现心理问题。部分家庭经济困难学生迫于维持基本的学习和生活条件，他们不得不四处奔波，最终使得学业受损。也有部分学生在巨大的经济压力下，理性极度的焦虑、抑郁，对自己的未来感到茫然，意志消沉。在这些情况下，他们要么无聊发泄与消极反抗，要么走向偏激，愤世嫉俗，当这种思想和行为积累到一定程度时，就会使得他们的心理极度失衡，进而诱发出一系列的心理问题，如神经衰弱、强迫症等。诸如这些心理问题如果得不到正常的宣泄和解决，那么最终会因为某一事情爆发，甚至走向违法犯罪的道路。例如，曾震惊全国的"马加爵杀人事件"，马加爵就是一位典型的依靠国家贷款和助学金读书的家庭经济困难学生，由于自小家庭经济困难，养成了孤僻、敏感、不爱与人打交道的性格。在进入大学之后，性格粗暴、孤僻、自卑、消极，情绪比较极端，最后因打牌与同学发生口角，就以十分残忍的手段连杀4位同学。虽然这一事件非常的特殊，但它所暴露出来的问题却普遍存在于家庭经济困难学生中。当前，由家庭经济困难学生的心理问题而引发的社会问题极为常见，如果我们不能及时有效地解决这些问题，那么其给高校和社会所带来的负面影响必然极大。所以，了解和掌握家庭

经济困难学生的心理及其健全人格发展是高校育人和管理工作中极为重要的一环。众所周知，大学生在高校中要学的东西有很多，但首先要做的就是学会做人、学会生存。所有大学生都应该好好地珍惜所拥有的，追求想拥有的。高校生活对大学生个性的形成非常的关键，大学生由于心理发展尚未完全成熟，在自我调适和自我控制方面比较薄弱，也很难快速地适应学校和社会环境。特别是对家庭经济困难学生来说，面对多种压力，如果长期的紧张情绪和自我封闭的状态得不到舒缓，那么就很容易产生心理失调。

高校家庭经济困难学生心理问题，主要表现在以下几个方面。

1. 自卑心理

自卑是一种自认为不如别人的缺乏自信的、畏缩和灰心丧气的情感，是一种轻视自己的表现。部分家庭经济困难学生由于经济条件差，没有足够的经济来源，在看到那些经济条件好的学生肆意挥霍时，常常会觉得自己与他人的差距非常大，感到自惭形秽，担心别人看不起自己。相较于家庭经济条件好的学生来讲，家庭经济困难学生的生活条件比较艰苦，在很多方面的能力也相对差些，对参加社交及各种文体活动等都欠积极，缺乏与人交往的信心和勇气，时常封闭自己，自我压抑，表现出较强的自卑心理。在现实生活中，如果一个人的自尊心非常强烈，表现得非常的明显，那么他的自卑感也往往越强。自卑心理的表现方式有很多种，诸如狂妄自大、思想偏激、小心翼翼、社交恐惧、爱慕虚荣、过度害羞、情绪抑郁消沉等都是自卑心理的表现。

家庭经济困难学生由于没有足够的经济来源，在学习上和生活上非常的窘迫，经济压力非常大。并且由于大多数家庭经济困难学生来自偏远的山区或城镇低收入家庭，他们所处的文化环境和教育条件都相对较差。尤其是在偏远的山区，师资和教学设施都比较缺乏，教育质量落后，学生的综合素质较低，个性也难以得到充分发展。在进入大学校园后，学习成绩已不再是得到他人尊重和认可的唯一因素，在这种环境下，家庭经济困难学生在经济上的窘迫和较低的综合素质与那些经济条件优越、具备多种能力与素质的学生相比，反差非常的大。在面对这些反差时，家庭经济困难学生很容易会因为自己家庭贫困而感到痛苦、自卑。部分家庭经济困难学生由于害怕他人看不起自己而将自己封闭起来，拒绝与他人之间交流，进而逐渐产生强烈的心理不平衡，对现实缺乏信心，情绪低落，形成自卑心理。

2. 焦虑心理

焦虑是指一种缺乏明显客观原因的内心不安或无根据的恐惧。焦虑属于负面情绪的范畴，它的形成原因和表现比较复杂。焦虑是人们在工作、生活中对可能产生心理冲突或引起挫折的事件或情景进行反应时的一种消极的情绪体验。焦虑对个体的和谐发展有着十分重要的影响。当人们对那些可能造成危险的或感到束手无策的事件或情境即将出现时，就会表现出一种莫名的疑虑和不安，如惶恐不安、易怒、急躁、提心吊胆、心烦意乱、坐立不安、紧张、悸动、惊跳、踱来踱去、搓手顿足、怕黑、怕吵、不能忍受普通强度的噪音、过分担忧、顾虑重重、注意力难集中、记忆力下降、有大难临头、末日将至之感等。

对于家庭经济困难学生来讲，由于自身的家庭经济条件较差，很容易为自己的家境感到紧张和担忧，从而使焦虑水平提高。据相关研究证明，家庭经济困难学生很少主动去解决问题和向他人求助，而更多的是逃避和自责。家庭经济困难学生不善于主动与他人交流或从老师、同学那里寻求帮助和慰藉，也不善于缓解内心的紧张和压力，在面对困难和挫折时，更多的是采用不成熟的方式来处理，在情绪和行为上都缺乏稳定性。多数家庭经济困难学生由于经济压力较大，造成思想负担非常沉重，这就在无形中致使自己经常处于精神紧张、情绪烦躁的心境，产生焦虑。而长期的焦虑又会对他们的学习、健全人格的培养及人生观、价值观的正确树立产生极为不利的影响。

3. 抑郁心理

抑郁是一种持续时间较长、消极的情绪状态。抑郁通常是精神受到压抑而产生的，从行为上来看，抑郁常表现为郁郁寡欢、情绪低落、思维迟钝、兴趣缺乏、食欲减退、失眠等。很多人由于担心被他人看不起，而顾影自怜，在这种状态下，他们时常会对生活感到力不从心，有挫败感，进而会丧失对生活的勇气和信心，甚至轻生。

从某种程度来讲，大学生抑郁心理产生的原因主要来自于经济上的贫困。在中学时代，自身与周围同学之间并没有太大的差距，而到了大学之后，自身与同学之间的经济条件的差距明显拉大，由此在心理上就会产生不平衡，进而产生诸如为什么他有我没有，他能享受我不能享受等攀比心理。同时，在人格特质方面，家庭经济困难学生大多内向、拘谨，情绪不稳定，参与社会的程度较低。由于自身的郁闷无法倾诉，总会单方面的认为自己不受欢迎，在学习和做事中也会表现出注意力不集中等现象。此外，家庭环境氛围对家庭经济困难学生抑郁心理的产生也有极大的影响。在经济拮据的巨大压力下，家庭经济困难学生难以勇敢地面对困难，久而久之，就会由焦虑转变为抑郁性格，而这种抑郁性格如果得不到及时、有效地疏导，就会发展为抑郁症，最终对他们的身心健康带来严重的影响。

4. 愧疚无奈心理

愧疚指的就是心理惭愧内疚，而无奈则为无可奈何，其所表现的是一种难以达到目的的遗憾。对大多数高校家庭经济困难学生来说，他们的家庭背景多有相似之处，例如，地处交通闭塞、自然条件恶劣、经济发展滞后的贫困山区；家庭兄弟姐妹多，家庭经济负担重；父母体弱多病，无固定经济来源；家庭遭遇不可抗灾害等。但不管是哪一种家庭背景，在生活的压力和困难面前，这些家庭经济困难学生都表现出强力的要出人头地的愿望，都想靠自己的能力来回报父母亲人，可现实中由于自身不能自立，不能尽快地替父母和家庭减轻经济压力，进而在心理上产生强烈的焦虑和愧疚，生活在自责的阴影中。在学业和经济的双重压力下，高校家庭经济困难学生在日常学生和生活中比较老态、拘谨，缺乏激情和活力，情绪低落，心智不能集中，精力难以张扬，个人生活空间带有浓重的灰色调。在这种无奈与愧疚之下，极易产生自暴自弃和突发性意外事件。

5. 敏感多疑心理

在心理感觉方面，高校家庭经济困难学生表现得比较敏锐，在面对一些问题或现象时能很快地作出反应。他们的多疑主要表现在将其他同学之间的悄悄话误以为说自己坏话；将他人无意的一瞥误认为不怀好意；自己做错事时，总怀疑别人在用异样的眼光看自己，怀疑自己的事情已被他人知晓；将他人无意的玩笑误以为讽刺自己等。认为整个世界充满罪恶，没有一个人可以作为知心朋友，时常感到孤独、寂寞、心慌、焦虑。

在日常学习和生活中，部分家庭经济困难学生很容易对同学之间的正常行为产生误解，疑神疑鬼，或者将一些本微不足道的误会无限放大。在繁重的学习压力、竞争压力以及价值观念差异的影响下，家庭经济困难学生一方面因为家庭经济的拮据感到自卑，另一方面认为他们已经是一个自我意识成熟的个体，自尊心很强，心理上非常的矛盾。在这种矛盾心理地驱使下，部分家庭经济困难学生的心理变得非常的敏感、多疑，他们感到其他同学在疏远自己，不想让其他同学知道自己家庭困难的事实，也不愿意向学校和他人寻求帮助，时常对自己周围的人和事疑神疑鬼，对他人的言行举止反应过激，怕别人瞧不起自己，因而封闭自己。总觉得他人的一举一动都在针对自己，误将他人的好意帮助当作怜悯，他人的一言一行都会对他们的心灵带来极大的刺激，引起他们情绪上的强烈反应。

此外，也有部分家庭经济困难学生由于自信心不足，缺乏勇气，因而对社交和集体活动往往采取逃避的方式，在学习和生活上也很少与同学和老师交流，习惯于独来独往，自我封闭。久而久之，在他们心中就筑起了一道无形的围墙，给周围的人和事产生一种难以接近、不易深交的感觉，进而使自身产生严重的性格缺陷和心理问题。

6. 恐惧心理

恐惧也是情绪的一种，是一种广泛存在于生物的心理活动状态。从心理学的角度来讲，恐惧是一种有机体企图摆脱、逃避某种情境但又无法改变的情绪体验。恐惧的本质表现为生物体生理组织剧烈收缩，组织密度急剧增大，能量急剧释放。对人类来说，大多数恐惧情绪是后天获得的。其特点为对发生的威胁表现出高度的警觉。产生恐惧时，比较常见的生理反应有心跳猛烈、口渴、出汗和神经质发抖等。在发展到一定程度后，恐惧就会成为恐惧症，恐惧症是恐惧的一种病态形式。在患有恐惧症后，患者就会对某些事物体验到一种极度的和非理性的害怕，所产生的恐惧与现实刺激的危险性不相协调。

对于高校家庭经济困难学生来说，在面对繁华都市和自身的贫困，内心的渴望和条件的局限，校园的多彩和心理的落寞，身边同学、交往人群有意或无意的冷落、孤立、侮辱与歧视时，往往会产生一种紧张的恐惧心理。由于自身缺乏安全感，对周围的人和事比较敏感，时常将自身置于被冷落、被抛弃、被戏弄、被利用的不安全境地，不敢相信别人，采取退缩、逃避的方式来处理问题。特别是大学期间对大学生个性的形成至关重要，在这一时期，大学生的性心理基本成熟、性意识逐渐增强，渴望与异性交往，但对家庭经济困难学生来说，由于经济条件的限制以及自身强烈的自尊，往往不敢与异性交往，进而产生落魄、失望的情绪，久而久之也容易产生恐惧心理。

7.冷漠心理

冷漠是指对人或事物冷淡，不关心。冷漠主要表现为对人怀有戒心甚至敌对情绪，不愿与他人进行交流，对周围的人和事漠不关心、无动于衷。导致冷漠产生的原因有很多中，例如，受人欺骗、暗算、受人漠视、轻视等。也正是由于这些原因的存在，使其在人际交往中带上灰色眼镜看待人生，逐渐对周围的人和事失去了应有的热情和同情心。

一般来讲，家庭经济的拮据会给大学生的心理造成挫败感。在遇到挫折和困难时，他们时常会表现出一种无可奈何的状态，当他们对战胜困难和挫折失去信心时，也会相应地表现出漠不关心的态度。活动意向减退，情绪低落，意志衰退，思维停滞，对外部的刺激无动于衷，对悲、欢、离、合、爱、憎等都表现得非常漠然，抑郁孤僻、自我封闭、缺乏人生理想和生活目标，消极地对待人生和学习、生活中的一切。

8. 嫉妒心理

嫉妒是一种极想排除或破坏别人的优越地位的心理倾向。嫉妒是一种需要，也是一种自我提高的动力。每个人都有嫉妒之心，关键的是如何将嫉妒转化为动力。从某种意义上来讲，嫉妒心越强，动力就越大，就越可能成功。嫉妒中暗藏着对他人幸福的破坏倾向，也是对自己所谓的不幸深感无奈的一种心态。

个别家庭经济困难学生有着极强的自尊心，并且心胸狭窄，当发现他人在才能、名誉、地位和境遇等方面优于自己时，就会从心里产生不满和不服气，进而产生嫉妒心理。有些家庭经济困难学生由于心理素质不高，在自尊心的驱使下，他们的内心非常的敏感，极易对那些在某些方面优于自己的同学产生嫉妒。他们对周围的人和事异常敏感，常常怨天尤人，愤恨世道不公，对社会持悲观否定的态度，甚至走上违法犯罪道路。

9. 掩饰、虚荣心理

虚荣就是追求表面光彩的心理。在对荣誉过分的追求时，就会表现出虚荣心理，这种心理是道德责任感畸形发展的结果。虚荣是一种不良的心理品质，其本质是利己主义的情感反映。虚荣心也是指以虚假的方式来保护自己的自尊的心理状态。

对部分高校家庭经济困难学生来说，生活的困境时常会让他们感到羞愧，不想让他人知道自己的家庭困难，也不愿意承认自己经济拮据，对自己的艰难处境刻意掩饰，甚至有些家庭经济困难学生不愿被学校确认为家庭经济困难学生，也不愿接受学校、师生、社会的援助等。还有些家庭经济困难学生为了表面上的虚荣，维护自己的尊严，刻意追求时髦打扮、高消费，处处与那些家庭经济条件较好的学生攀比等等。诸如这些种种现象都表现出对现实的不敢承认和怯于面对。他们可以掩饰自己，爱慕虚荣，不愿参加稍微艰苦的勤工助学劳动，肆意挥霍来之不易的金钱，置自身及家庭与不顾。但事实上，他们的这些行为都不过是自欺欺人罢了，并且在事实暴露后，往往会遭受更大的心理痛苦。

10. 逆反、偏激心理

部分家庭经济困难学生过于以自我为中心，自以为是，总觉得他人的做法或说法都是错的，不允许他人反驳自己的观点和看法，否则就会生气，甚至与他人翻脸。由于自身经济压力巨大、生长和学习地域之间的差别、紧张的学习、消费水平的巨大反差、单调封闭的生活、人际交往的不适应、激烈的竞争、情感上的烦恼、社会生活中存在着的个别不公平现象、就业的压力、理想与现实的反差等问题的存在，使得部分家庭经济困难学生在看待自己贫困的问题上不够理智、客观。认为自己的家庭经济困难是由社会的不公平所造成的。有的家庭经济困难学生在思想上比较偏激，在他们眼中社会和学校的所有现象都是错的，抵触周围的人和事，对社会及自身的发展前景表现得比较悲观。个别家庭经济困难学生对所有的正面教育表现出质疑和否定的态度，再加上个别教师所采取的教育方法或表现形式不当，从而使得部分家庭经济困难学生很容易产生逆反心理。他们的这种逆反心理在思想、行为上直接表现出对学校和教师教育的反感与抵触，认为所有的一切都是没有意义的，对任何事物都缺乏兴趣。有的家庭经济困难学生为了寻求精神上的慰藉，出现酗酒、沉迷网络游戏、逃课甚至轻生等行为。个别家庭经济困难学生由于存在逆反和偏激的心理，使得自身内心狭隘、缺乏包容之心、固执、行为极端等。

在个性心理方面，个别家庭经济困难学生表现为自私自利、占有欲强、自我素质低、自制力差、法制观念淡薄等现象，无法承受贫穷的考验，抵触、敌对、甚至报复那些经济富裕的人。视校纪校规为无物，在校内外从事行骗或者进行刑事犯罪。当然，这类家庭经济困难学生毕竟是少数，但对他们所带来的负面影响，我们必须引起高度的重视。

总而言之，家庭经济困难学生心理问题的出现并不是偶然的，而是在诸多因素的影响下形成的，并且他们所表现出来的这些心理问题表现得也越来越突出。当在强烈的自卑感，极度敏感、脆弱的自尊心、拘谨压抑的性格、尴尬的人际关系、因期望值过高而产生的学业压力等因素共同发生作用时，就会引发问题行为。在家庭经济困难学生的问题行为当中，人际交往困难、出走、旷课、学习失败、逃避、偷窃、打架等行为表现得最为突出。

（二）导致高校家庭经济困难学生出现异常心理的原因分析

1.社会环境

（1）来自出生身份的压力

绝大多数家庭经济困难学生都是来自偏远的山区，家庭经济的困难使得他们成为高校中的一个特殊群体。在这一身份标志下，他们在许多方面都承受着巨大的压力，尤其是社会部分人群对他们的偏见以及社会热心群众对他们的同情等都会给他们带来压力。

在日常生活和学习中，家庭经济困难学生所表现出的"寒酸"时常会受到他人的歧视、讥讽和嘲笑，社会上通过钱来找关系、找路子、以钱待人等现实在他们的心里打下了深深的烙印。伴随着市场经济的繁荣和发展，大学生的消费欲望也在一定程度上出现了膨胀，各种消费热点和超前消费意识开始在高校中蔓延，而这些都从思想上和心理上给家庭经济困难学生带来了极大的负担，对"金钱至上"的社会文化也表现出一种从蔑视到敌视的态度。

（2）社会评价标准的变化和社会亚文化的冲击

在上大学之前，学习成绩几乎是衡量一个学生是否优秀的唯一标准。因此，在家庭经济困难学生的意识中，普遍认为只要自己取得了优异的学习成绩，就能获得他人和社会的尊重与重视。但在进入大学后，由于评价体系的多元化，使得他们在学习成绩上的优势表现得不再突出，又由于家庭经济困难的缘故，使得他们缺乏其他评价所需要的各种资源。同时，各类消费热点和超前消费意识在高校校园的蔓延也给家庭经济困难学生带来了极大的经济和心理负担。此外，社会贫富差距在校园中的反映以及在社会"一切向钱看"的亚文化地冲击，使得家庭经济困难大学生的心理压力变得更加沉重。

（3）来自择业、就业的压力

国家实施双向选择分配制度以后，大学生开始自主择业。在这一形势下，使得家庭经济困难学生试图通过读大学来实现鱼跃龙门等梦想开始破灭。在高校扩招之后，大学生就业的压力也变得越来越严峻。同时，又由于社会中存在着许多的不公正的竞争择业现象，使得家庭经济困难学生的就业压力变得更加巨大。

面对日益严峻的就业压力，多数大学生为了理想的就业岗位，不断地充实和丰富自己专业知识和技能，如考级、考证、考研、参加技能培训等，但诸如这些升学和培训都需要一定的经济作为支撑。而这些，对于家庭经济困难学生来说，要想实现这一目的，就必须在很多方面比他人多付出更多的辛苦和努力。同时，他们还必须面对高薪酬的期望与自身综合素质相对缺乏之间的矛盾以及急切回报家庭、改善自身生活状况与现实条件的矛盾。此外，社会中存在的一些不公正的现象也给家庭经济困难学生带来了一系列的负面情绪，影响到他们的心理健康。

（4）受到社会上部分人歧视的压力

对家庭经济困难学生来说，国家、社会、学校以及个人给予的资助和帮扶本是一件好事，但由于宣传的不到位等方面的原因，使得部分家庭经济困难学生虽然得到了物质上的帮助，但却在精神上受到了创伤，这些资助和帮扶给他们的感觉就是施舍，给他们的自尊心造成了极大的挫伤，进而使他们变得更为自卑。

对接受资助的家庭经济困难学生来说，他人的平视和平和的态度更为重要，只有这样才能使他们与社会、与他人建立良好的关系链，融入到整个社会中。曾有一个接受资助的家庭经济困难学生带有忧虑地说"我更怕拿了资助款后，周围的人用异样的眼光来看我。有时候。当自己的学习成绩不理想时，如果老师说'看你像什么样子，吃了救济，还不想好好学习，亏你拿得下'，我肯定难以接受。"显然，对家庭经济困难学生的这种特别的关爱不需要过分的表达和强调，他们需要的真诚的温暖，而不是怜悯。

（5）公开资助方式的压力

当前，无论是国家、社会，还是高校与个人，它们对家庭经济困难学生的关注和帮扶、资助的力度都在加大，这对家庭经济困难学生来说无疑是一件非常好的事情。但需要注意的是，如果我们的资助方式和帮扶手段不恰当，那么这种善意的举动也会造成他们心理失衡。由于我国在慈善方面的机制还不健全，相关方面的发展尚不成熟，再加上部分家庭经济困难学生的心理也不够成熟，从而很容易使个别家庭经济困难学生虽然得到了经济资助，但他们的自尊心、自信心却受到严重伤害，甚至会加重他们的焦虑、自卑、抑郁和嫉妒心理。

社会各界在对家庭经济困难学生进行物质"扶贫"时，应当减轻他们的心理负担，注意资助的方式和手段，以不伤他们的自尊心为圆心，以他们能接受的不为人所知的最小范围为半径，不作可以刻意地宣扬和渲染。当然，对于接受资助的家庭经济困难学生而言，要在思想上正确的认识资助，在行动上要有所作为，在意识上要自强不息，要充分地认识到自身的责任。资助者不要认为自己的资助是施恩，被资助者则不要有浅薄的报恩思想，双方都应当在感情和思想上有所升华。

2. 学校环境

（1）环境变化的压力

在初入大学校园时，每一个学生都需要一定的时间来适应新的生活环境。由于绝大多数大学身在大中城市，无论是在经济上还是在文化水平上都普遍高于学生的生源地。对家庭经济困难学生来说，要适应大学生活，就要逐渐养成城市的生活习惯，但这种新的生活习惯的建立必须要有相应的经济条件来支撑。因此，这必然会给他们带来较大的困难。并且这种困难对那些来自于偏远山区或者经济发展较为落后的农村家庭经济困难学生来说表现的更为明显，因为他们所感受到的新环境与旧环境之间有着很大的落差，所需要学习掌握的能力甚至习惯也相对宽泛。但由于物质上的匮乏，使得家庭经济困难学生不得不对新环境进行认知调整。同时，如果他们在认知上出现偏差，那么就会给他们早期的人格发展带来负面影响，导致偏执人格的出现。

（2）经济生活的压力

大多数家庭经济困难学生来自于偏远的山区和城镇低收入家庭，他们的学费和生活费基本来自于亲友的筹措，学校、社会的资助以及助学贷款，因此，他们长期处在巨大的经济压力之下。在这种巨大的生活压力下，他们容易产生强烈的自卑心理，将自我封闭起来，造成心理脆弱、敏感、焦虑等不良心理体验。

（3）学业压力

家庭经济困难学生的家乡往往文化环境和教育条件比较落后，他们的学习起点也比较低，素质教育的开展也比较欠缺。在他们进入大学校园之后，由于经济方面的原因，使得他们不能像家庭经济条件好的学生一样拥有随身听、电子词典、电脑等辅助学习的工具，并且还要为维持最基本的生活而劳累奔波，相对于其他学生来说，他们在学习保障上的投入可谓微乎其微。但另一方面，他们又期望通过努力学习来获取高额奖学金，以减轻家里的负担，改善自身的经济条件。从而使得他们经常处在一种想勤工助学又怕耽误学习、想学习又需要勤工助学减轻自身经济负担的矛盾之中，承受巨大的心理考验和压力。如果因勤工助学导致了学习成绩的下降，那么他们的这种矛盾会表现得更为激烈。久而久之，这种无法解除的心理冲突使他们的个性与人格发生改变，甚至引发诸多心理问题。

（4）人际交往压力

与其他学生一样，家庭经济困难学生同样需要与他人之间进行交往，但由于他们又不得不整日为学习、生活奔波，再加上缺乏扩大交往的经济保障和相对自由的交往时间，从而使得家庭经济困难学生在人际关系上趋于封闭或者不完全对等的状态，进而很容易在交往中产生种种心理障碍。部分家庭经济困难学生不愿向他人透露自身的家庭情况和处境，也不愿意接受他人的帮助和同情，也有部分家庭经济困难学生怯于与他人交往，在学习上和生活上都比较封闭，还有些家庭经济困难学生由于自身的贫困而引发对社会的抵触和反对，这些都严重地影响了他们的心理健康。此外，由于生活习惯、言行举止、社会经历、甚至艺术修养上的差异，也使得家庭经济困难大学生相形见绌，进而产生强烈的自卑心理暗示。

3. 家庭环境

家庭是孩子生活和接受教育的第一场所，它对孩子的一生产生重要的影响。家庭教育与家庭生活、学习环境是一致的，其与家庭生活实际上是融为一体的。在家庭环境中，学习环境、学习氛围、成员关系、家长素质、生活方式等都会在潜移默化中影响孩子的思想意识、智力和身体发展及健康成长。

（1）家庭客观环境的影响

一个家庭的客观环境主要由家庭经济条件、家长的文化程度、家庭结构等因素构成。高校家庭经济困难学生绝大多数都是从偏远地区或城镇低收入家庭走出来的，他们的家长普遍文化程度较低，又加之家庭经济困难，从而使得很多家庭经济困难学生依靠向亲朋好友借债来维持学业开支。他们处于一种既要学习又要兼顾打工的矛盾状态，当他们的学习成绩不好时，他们的这种矛盾心理就会变得更加激烈，并且因为学习成绩的不好而导致他们无法获得较高层次的奖学金，进而使他们的经济条件变得更加拮据，在心理上也陷入对父母深深的愧疚和自我否定当中。还有部分家庭经济困难学生是因为家庭出现重大变故而导致的，例如，亲人身患重病等，这些不但会给他们造成极大的心理创伤，而且还会引发他们的自卑、焦虑、恐惧等问题。

（2）家庭主观环境的影响

家庭的主观环境则主要是指家长的教育方式、期望程度、家庭气氛等。在家庭主观环境中，父母的个性、父母的人生观、价值观，父母对待成功与挫折的态度以及父母对子女的教育方式等都会在很大程度上影响孩子的人格发展和心理素质。在很多的经济贫困家庭中，由于家庭负担沉重，致使父母的心态不平稳或者产生变态心理，而这些都会在潜移默化中对学生的心理产生影响，导致孩子的心理品质不良。在日常生活中，很多家长对孩子的思想并未引起应有的重视，在对孩子的教育和沟通、引导上也缺乏合理的方式，而对孩子又有较高的期望，从而使得家庭经济困难学生的心理负担和精神压力变得更为沉重，心理上极易产生不健康的症状。

4.个人主观因素

（1）耻于贫困

家庭经济是否贫困是家庭经济困难学生无法左右的，也不会因为他们的意志而发生改变。因此，家庭贫困既不是缺点，也不是耻辱。但是，在部分家庭经济困难学生看来，自身家庭的贫困是一种无能的表现，是丢人的，也是耻辱的，是自己人生的一个大不幸。而当他们遇到困难或遭遇失败时，他们又把原因归咎于贫困，形成消极的心理防御机制，看不到生活的希望，对学习和工作也缺乏信心，最终引发多种心理问题，形成心理贫困。

（2）依赖贫困

部分家庭经济困难学生在面对自身的困难时，总盼望学校和社会来替其解决问题，对于学校和社会的帮扶和资助，他们理所当然地接受，自身缺乏自立自强的精神。例如，有些学生再三恳请老师帮其安排勤工助学岗位；也有些家庭经济困难学生则认为关心和帮助家庭经济困难学生是学校的义务等。在自身所得到的关心和照顾不够时，就会产生哀叹和烦恼，甚至表现出愤怒的情绪。

（3）败于贫困

对于家庭经济困难学生来说，如果能够在思想上正确的认识贫困，将贫困看成是一种生活的考验，那么其就会积极主动地采用各种方法去战胜贫困。但是，部分家庭经济困难学生在思想上并没有这层认识，他们将贫困看作是一种命运使然，对待的方式比较消极，缺乏正确面对的勇气，并由此产生种种心理问题。

二、解决高校家庭经济困难学生心理问题的途径与措施

总而言之，家庭经济困难学生的心理健康问题是由多方面的原因造成的。因此，我们应当多角度、多维度地采取措施，解决他们的这些心理问题。概括来讲，应该坚持物质资助与精神救助相统一，社会支持、学校引导与自我调节相结合的方针，建立多层面、立体化、综合联动的资助体系与解决方法，从物质上和精神上帮助家庭经济困难学生摆脱贫困，使他们拥有健全的人格、坚毅的精神和对生命的美好追求。

（一）健全家庭经济困难学生的资助帮扶体系，切实减轻家庭经济困难学生的经济压力

从某种程度来说，家庭经济的贫困是导致家庭经济困难学生

心理问题产生的主要原因。因此，对于家庭经济困难学生来说，必要的物质帮助就是雪中送炭，而使家庭经济困难学生免除物质上的忧虑也是对他们进行心理健康教育和辅导的基本条件。而在家庭经济困难学生的物质帮助上，我们应当注意以下几点：

（1）政府要不断完善贫困大学生帮扶举措，切实解决贫困大学生的经济困难；

（2）要充分有效地利用好高校的各项资困助学的帮扶措施；

（3）拓宽校内外资源，加大开展勤工助学活动的力度。

当前，为了更好地帮助高校家庭经济困难学生，减轻他们的经济压力，使他们能够顺利地完成大学学业，国家出台了一系列的贫困大学生资助政策。无论是中央，还是地方，亦或是高校，都在想尽一切办法帮助家庭经济困难学生，不断建立健全资困助学体系，也推出了一系列的助困措施，如奖学金、助学金、困难生补助、学费减免、社会无偿资助等，无论从面上或程度上，尽可能减少贫困学生因经济窘迫造成的心理不和谐。但由于高校家庭经济困难学生的数量众多，国家和社会所给予的这些帮助仍然难以满足现实需要。为此，各高校要将学校实际和政府资助措施有机结合起来，科学建立自己的资困助学体系，才能最大化地解决家庭经济困难学生的实际困难。例如，山东建筑大学对家庭经济困难学生采取了综合联动运用各项资助政策的《资助包》式混合资助办法，按照国家助学贷款保学费、助学金保生活、奖学金和勤工助学促发展的方针，为家庭经济困难学生制定《分层资助、因人施助》的人性化资助方案，确保每个贫困家庭学生都能够得到合理有效的资助，发挥资金的最大效用，解决贫困家庭学生的实际困难。

（二）加强家庭经济困难学生自我心理脱贫的心理健康教育

心理健康教育是高校培养大学生成才的重要一环。为了更好地解决日益增多的大学生心理健康问题，教育部在 2001 年出台了《关于加强普通高等学校大学生心理健康教育工作的意见》，要求各地教育部门和各高校要把加强大学生心理健康教育工作当作进一步加强和改进高校德育工作，全面推进素质教育的重要举措抓紧抓好。在高校中，家庭经济困难学生人数占据着较大的份额，因此，在高校中普及心理健康教育，帮助家庭经济困难学生克服心理障碍，获取心理健康是非常重要的一环。

要想让家庭经济困难学生在心理上脱贫，主动更新观念，正确地认识贫困，就必须让他们充分认识到只有依靠自己的努力、奋斗才能从根本上改变自己的命运。

1. 做好心理健康教育的普及工作

大多数家庭经济困难学生的心理问题属于心理失衡，并且这种心理失衡既可以随着诱发情境的消失而消失，也可以在经过他人的帮助或经过心理辅导后消失，只有少数家庭经济困难学生的心理问题属于心理失常或心理疾病。因此，我们应当以多种形式来对家庭经济困难学生予以引导，使他们能够以健康的心态面对贫困，树立自尊、自立、自强、自信的信念，化困难和挫折为力量，努力奋斗，树立人穷志不穷的坚定信念。

2. 引导和帮助贫困大学生理性认知贫困

事实上，导致家庭经济困难学生出现心理问题的原因除了有客观的家庭经济贫困的原因之外，还有家庭经济困难学生对贫困的非理性认知。在日常生活中，家庭经济困难学生往往把眼前的困难扩大化，认为无法解决困难，对未来缺乏信心，造成心理困惑和矛盾。因此，要想使家庭经济困难学生走出心理误区，首先要做的就是引导和帮助他们理性地认识贫困。为此，我们应该从正面对他们进行正确引导，使他们认识到贫困并不是不光彩的，也不是某个家庭成员的错，它的存在只是暂时的、是相对的；贫困虽然会在一定程度上影响学业，但贫困也同样可以磨砺人的意志，促使人发奋图强等。只有让家庭经济困难学生理性地认识贫困，才能较好地解决他们的心理问题。

3. 利用各种载体深化教育效果

对典型事例予以大力宣传，引领正确的舆论方向。对于家庭经济困难学生，学校可以通过多种形式对其进行心理健康教育、励志教育，如专题讲座、主题班会、专家报告会等。榜样的力量是无穷的，在对家庭经济困难学生进行心理健康教育的过程中，应当将那些依靠自身努力获得成功的贫困人士中的优秀代表作为典型，增强家庭经济困难学生发奋成才的自信心，使他们以健康、上进的心态去面对人生的挑战，主动学会自我心理调适，树立正确的人生观、价值观和世界观，从而战胜自我，从心理贫困的阴影中走出来。

（三）充分发挥学校思想教育和心理咨询的作用

各高校应当将心理健康教育的相关内容纳入德育工作范畴。在对大学生进行思想政治教育的过程中，应当将学生的思想道德问题与心理问题区分开来，有针对性地对家庭经济困难学生的心理问题进行辅导，建立家庭经济困难学生心理健康档案和心理健康教学工作体系，为他们提供及时、有效地心理健康指导与服务。同时，要向所有高校学生普及心理健康知识，强化学生参与意识。经常开展各类有益于大学生身心健康的文体活动，使家庭经济困难学生在活动中陶冶情操，表现自我，提高能力，愉悦身心，减轻自身的压力，加强与他人之间的交流和交往，保持心理健康。

根据高校"育人"的本质要求，我们在完善国家助学体系的过程中既要授之以鱼，又要授之以渔。针对家庭经济困难学生所出现的各类心理健康和心理素质问题，我们除了要对他们进行经济上的帮扶和资助之外，还要对其进行思想教育和心理咨询，不断地增进他们的心理健康，优化他们的心理素质。在高校家庭经济困难学生群体中，绝大多数都具有一定程度的心理疾病或心理障碍，所存在的心理问题都比较复杂。因此，高校有必要向他们提供思想疏导和心理咨询，帮助和鼓励他们从痛苦、焦虑和郁闷中走出来，积极、正确地面对困难，增强他们战胜困难的信心和面对生活的勇气，顺利地完成大学学业。此外，当家庭经济困难学生出现心理障碍时，就应当及时地采取相应的心理疗法，予以矫正。

（四）注重校园文化及和谐校园建设，营造良好的心理环境

大学生健康的心理素质与良好的校园文化氛围有着十分密切

的关系，在学生心理素质的发展过程中，校园文化发挥着十分重要的作用。通过营造良好的校园环境，能够有效的提高高校的育人功能。在营造民主、平等、和谐的校园人际环境过程中，广大教师和管理人员应当结合教学工作和管理服务工作过程，积极主动地对家庭经济困难学生的学习和生活予以悉心的关心和关怀，从他们的角度去思考问题，尽可能地帮助他们解决困难，使他们能够时时刻刻感受到师长的关爱和校园的温暖。同时，要教育全体学生学会理解他人，宽容地对待他人，要尊重每一个同学生活习惯，正确地看待相互间的文化差异，尊重每个同学的人格。倡导以诚待人，与人为善，形成亲密、团结、友爱的同学关系，建设和谐文化，在潜移默化中影响家庭经济困难学生，使他们达到心理和谐。

教书育人是学校的根本宗旨，解决家庭经济困难学生问题也是其中的重要一环。为此，各高校应当加强学校、院（部）、班级、宿舍等育人环境建设，为家庭经济困难学生营造一个良好的育人环境。在这一过程中，各高校要充分发挥学生党支部、团委、学生会、社团的作用，积极开展心理互助活动，尤其是对那些向家庭经济困难学生提供服务的社团，学校更应当予以关注和支持，通过这些社团的服务，使家庭经济困难学生能够充分地感受到学校的关怀和同学之间的真挚情感，培养他们积极、主动地利用社会支持的意识和行为习惯，尽可能地地消除他们因经济贫困所带来的影响。同时，还要注意加强班级、宿舍的管理工作，倡导相互关怀、真诚接纳、共同成长的理念，为家庭经济困难学生营造一个良好的成长环境。并且大力提倡勤俭节约，反对铺张浪费，营造勤奋学习、积极向上的校园氛围等。通过对校园文化环境的优化，能够有效地提高家庭经济困难学生适应环境的能力，帮助他们确立健康的心态，对现实和未来充满信心和希望。

家庭经济困难学生的心理问题并不是单独存在的，其往往会同时伴随着思想问题、情感问题和管理问题。因此，解决高校家庭经济困难学生的心理问题必然是一场持久战，它不但需要教育、管理和引导的结合，同时也需要国家、社会、学校、家庭和学生本人的配合和努力。

第三节 高校家庭经济困难学生的学业问题研究

一直以来，在高校育人工作中，家庭经济困难学生工作就是一个重点内容。从根本上来说，家庭经济困难学生问题就是经济问题，但事实上，单独解决他们的经济问题是远远不够的。他们能否在将来摆脱贫困，其关键还是在于他们是否掌握了扎实的专业技能。在社会转型背景下，高校家庭经济困难学生的学业问题也表现得越来越突出，成为引发家庭经济困难学生问题的重要因素。在这种形势下，我们除了要对家庭经济困难学生予以经济上的帮扶和资助之外，还应当找到一条新的、更有效的解决家庭经济困难学生问题的方法。作为家庭经济困难学生存在的一个重要问题，学业问题是彻底解决他们的问题的关键。

一、高校家庭经济困难学生学业现状

伴随着家庭经济困难学生问题的衍生与发展，社会民众对其的关注也越来越多。当前，高校校园里有着庞大的家庭经济困难学生群体，为着心中的梦想，他们在艰难地支撑着。作为高校及社会的一个特殊群体，他们对社会也有着极大的影响。为了更好地对家庭经济困难学生的学业现状有所了解，我们有针对性设计了调查问卷，对山东省6所高校的家庭经济困难学生进行了调查。

1. 从学习状况来看，高校家庭经济困难学生中普遍存在学业不良的现象

从调查的结果来看，53.2%的家庭经济困难学生从未获得过任何奖学金，37.9%的家庭经济困难学生获得过一到三项奖学金。在所学课程中，25%的家庭经济困难学生有过不及格的现象；在

专业技能的掌握方面，50%的家庭经济困难学生只通过了计算机一级。从以上的这些数据可知，学业困难或学业不优秀现象在家庭经济困难学生中是比较普遍的，并且在学习方面普遍表现出基础薄弱，知识面窄，接受新信息慢，英语口语、计算机操作、实验动手能力差等问题。诸如这些问题的存在，与他们在进入高校之前所处的生活和学习环境较差有着极大的关系。

2. 从学习动机来看，家庭经济困难学生因贫穷而产生强大的学习动力

从问卷中有关学习动机的调查结果来看，66.7%的家庭经济困难学生的学习动力来自于"帮助家庭走出贫穷"，25.8%的家庭经济困难学生则是为了"走出农村"。从这些数据可知，绝大部分高校家庭经济困难学生都有着比较准确的自我价值定位，也就是都试图通过学习来摆脱贫穷的现状。此外，家庭经济困难学生的社会报答动机水平明显要比其人生价值动机高，贫穷除了给他们带来了巨大的生活和精神压力，也给他们带来了巨大的学习动力。

3. 从学习时间的分配来看，勤工俭学占用了家庭经济困难学生相当一部分课余时间，是造成学业障碍的重要原因

在有关课余时间分配上，36.5%的家庭经济困难学生选择在校内进行勤工助学，27.8%的家庭经济困难学生选择了校外打工。由此可知，在家庭经济困难学生的课余时间中，勤工俭学占据了较大的份额。而在每天平均的自习时间上，50%的家庭经济困难学生在2～3小时之间，16.5%的家庭经济困学生只有1～2小时，还有的甚至不到1小时。从这些数据中可知，家庭经济困难学生正在试图通过自己的劳动来获取经济来源，减轻家里的负担，完成学业。从好的方面来讲，勤工俭学不但可以缓解经济压力，还可以锻炼自身的能力，但从其弊端来讲，勤工俭学占据了家庭经济困难学生大部分学习时间，对他们学业的完成带来了巨大的影响。在巨大的经济压力下，大多数家庭经济困难学生选择了勤工俭学，但由于他们并没有正确地处理好学习与工作之间的关系，时常处于一种既要打工又怕耽误学习的矛盾之中，无法全身心地

投入到学习中。总而言之，勤工俭学给家庭经济困难学生的学习带来了一定程度的影响，部分学生因为勤工助学，成绩一直维持在较低的水平，特别是从事商品经营的学生，进货、销售花费了大量的时间和精力，使得勤工助学变成了"勤工误学"。

4. 从学习面临的主要困难来看，贫困带来的生活压力依然是学习的最大障碍

在调查中，45.1%的家庭经济困难学生认为经济上的窘迫和打工耗费了太多的精力是他们学习上的最大困难，31.8%的家庭经济困难学生认为打工是学习上的最大困难。此外，由贫困带来的社交问题、心理问题也是影响学习的重要因素，17.6%家庭经济困难学生认为人际关系问题是学习的最大障碍，对这一现象我们应当引起高度重视。伴随着社会的发展，其对人才的要求也越来越高，高校学生面对的学习压力也越来越大，特别是对家庭经济困难学生而言，这一点表现得更为明显。家庭经济困难学生除了要面对巨大的学习压力之外，还需要承受巨大的经济压力，为了维持最基本的生活，努力地寻求打工赚钱的机会，同时，为了获得奖学金，他们又必须拼命地学习。在打工和学习的双重压力下，很多家庭经济困难学生身心疲惫。例如，西南交大大四学生单亮因为家庭困难，身兼数职，打工挣钱，最后"过劳死"就是一个典型的例子。

5. 从课外培训情况及综合素质来看，家庭经济困难学生的综合素质和能力比较欠缺

从相关课外培训的调查结果来看，86.9%的家庭经济困难学生只有必需的英语和计算机等级证书，只有13.1%的家庭经济困难学生除了有必需的英语和计算机等级证书之外还要有其他技能证书。当然，造成这一现状的主要原因在于家庭经济困难学生大多来自偏远的农村，由于农村文化教育条件相对落后，没有真正落实素质教育，在他们进入大学之后，迫于生活的压力，他们又不得不放弃一些锻炼自身能力素质的机会，但在用人单位看来，这些方面的能力素质又是非常重要的，最终使得家庭经济困难学生在就业竞争中处于劣势。综合素质与能力的缺乏已成为制约家庭经济困难学生成才和发展的瓶颈。

二、高校家庭经济困难学生学业不良问题的原因

高校学生学业不良是由多方面的原因造成的，对于影响学业不良的社会和家庭因素，在客观条件的限制下，教育工作者很难给予过多的干预，而只有从改善教育自身来带动家庭、社会环境的改善。以下将从学业不良学生自身和学校这两个方面来具体分析高校家庭经济困难学生学业不良问题的原因。

（一）学生自身因素

1. 学生自身主观因素

学生自身主观因素是引起学业不良的关键因素，其属于内因。而其他的因素则必须通过这一因素起作用，对学生个体来说，自身因素是导致学业不良的主要原因。

在学生自身主观因素中，学习动机、学习兴趣及学生意志力弱是产生学业问题的核心所在。诸如学习态度不端正、怕吃苦、不努力、学习动机弱、缺乏学习兴趣、意志力薄弱等都是影响学生学业的主观态度因素。这些主观态度因素的对象都是学习，表明学生主体对学习活动的主观态度。事实上，学生的学习态度不端正、怕吃苦等都只是学习动机弱、缺乏学习兴趣和意志力弱的外在体现。学习态度不端正是一个集中描述，而学习动机弱、缺乏学习兴趣和意志力弱则是具体的表现形式，最终导致怕吃苦和不努力。由此可见，在学生自身主观态度方面，学习动机弱、缺乏学习兴趣和意志力弱居于核心地位。同时，学习动机、学习兴趣和意志力之间的关系是相互联系、相互作用和相互影响的。学习动机是推动学生进行学习活动的内在原因或内部心理状态，是激励、指引学生学习的强大动力。学习动机的强弱对学习行为的积极性具有直接的影响，其从很大程度上表现出了学生的学习行为。学习兴趣指一个人对学习的一种积极的认识倾向与情绪状态。从教育心理学的角度来说，兴趣是一个人倾向于认识、研究获得某种知识的心理特征，是可以推动人们求知的一种内在力量。当学生对某一学科有兴趣时，就会持续地专心致志地钻研它，获得

较好的学习效果。从对学习的促进来说，兴趣可以成为学习的原因；从由于学习产生新的兴趣和提高原有兴趣来看，兴趣又是在学习活动中产生的，因而又可以作为学习的结果。因此，学习兴趣既是学习的原因，又是学习的结果；意志力是对学习行为的持续和克服学习中的困难继续向前的作用。因此，学习动机、学习兴趣和意志力之间的关系是彼此渗透、相互联系、相互作用和相互影响的，它们之间并没有主次之分。当然，它们之间也是可以分离的，一个缺乏学习意志力的学生，如果在学习中很少遇到较大的困难，但凭借他对学习活动的强烈的学习动机和浓厚的学习兴趣，他也可以获得较好的学习成绩；一个学习缺乏兴趣但却有着坚强的意志力和强烈的学习动机的学生也可能在学业上取得成功，只不过，他学得不会快乐。

（1）学习动力不足

在进入高校后，很多家庭经济困难学生由于经济拮据、生活不适应、人际关系不协调、心理压力过大等多方面客观因素的影响，缺乏明确的目标，在学习上缺乏动力。学习目标的不明，使得他们缺乏对知识的需求，对学习表现出厌倦，缺乏内在的驱动力。

（2）缺乏学习兴趣

高校家庭经济困难学生大多来自偏远、落后的地区，各方面的条件都十分有限，知识面较窄，他们在选择专业时往往表现得比较盲目。在进入高校后，部分学生发现自己所选的专业并不是自己想要的，但由于某些方面的原因，又不能转到自己所喜欢的专业去学习。对这部分学生来说，他们对所学的专业必然缺乏学习兴趣，学习的积极性不高，学习效果不佳也就成了一种必然。

（3）家庭经济困难学生更容易产生学习障碍，学习意志力较弱

相关研究发现，学习障碍与学习期望水平成正比，期望水平越高，就越容易产生学习障碍。这是因为学习期望水平越高，其对学习效果的重视程度就越高，对他人对自己的评价也就越在意，就越希望得到他人的肯定，获得他人的赞扬。如果自身的学习成绩或学习效果得不到他人的肯定或赞扬，那么就很容易产生自卑

感和失落感,心理障碍也就随之而生。而对学习期望水平不高的学生来说,他们对他人对自己学习的看法表现得比较随意,即便是自身的学习成绩欠佳,其也会表现得不在乎,也不会产生严重的心理障碍。对家庭经济困难学生而言,他们想要改变现状、改变命运的愿望非常强烈,但又由于他们的生活视野比较狭窄,缺乏对社会、对他人、对自我的全面、深刻地认识,思想方法也比较片面、主观,往往喜欢用幻想、憧憬代替现实,当自身的理想无法实现时,就会给他们的造成难以承受的打击,也无法控制自己的情绪。而这些都会对家庭经济困难学生的学习带来障碍。

2.学生客观因素

通常而言,认知有障碍、注意力缺陷、思维有障碍、记忆力差、认知水平差、策略水平低和适应能力差等都是导致学习学习困难的客观因素。根据美国的相关研究得出,中枢神经系统的异常是导致学习困难的根本原因,是生理。并且这种中枢神经系统的异常比较隐蔽,难以察觉。

一般来说,患有学习困难的学生是具有完成学业的能力的,只是在某种情况下需要通过一定的手段进行补偿。这里我们所讨论的是家庭经济困难学生,从他们的特殊性出发对其进行分析和研究。因此,虽然家庭经济困难学生中有个别人的学业问题是由认知障碍、注意力缺陷、记忆力差、思维有障碍等因素造成的,但这些只是这个群体中的特例,不能一概而论。所以,在学生客观上的学习困难影响因素中,首先要考虑的就是他们的学习策略水平低和适应能力差。此外,经济上的贫困也是影响家庭经济困难学生学业水平的普遍原因。

(1)学习方法和策略不当

在学习任务上,中学的主要学习任务是学习基础文化知识,而大学则是在中学的基础上学习经典的理论知识和最新的科研成果,难度几乎是呈几何方式增长。在学习的方式和方法上,高中与大学有着迥然的区别。中学主要通过教师的课堂讲授灌输来学习,学生对老师的依赖性较大,而大学则更加强调自学,大学强调素质教育,侧重于对学习方法的学习,如果不能很好地掌握这种学习方式和方法的变化，那么其学习也必然会受到影响。家庭经济困难学生大多来自农村偏远、落后地区，以考试为中心，素质教育落实不到位，习惯于"死读书、读死书"，在进入大学后，面对学习方式的变化，常常感到无所适从。在问卷调查中，45.1%的家庭经济困难学生认为"学习方法不恰当"是导致学习困难的主要原因。在新的学习方法上，部分家庭经济困难学生很难在短期内适应，而高校教育的目的就在于教会学生学会学习，学会生活。而多数家庭经济困难学生对这一点并没有足够的认识，依然以追求好成绩作为自己的学习重心，一味地遵循中学时期的学习方法，而最终的结果却是成绩的不理想，进而使自己心理负担过重，对自己的负性评价较多。由此可知，学习方法上的欠缺，是导致他们学习困难的关键因素。

（2）经济拮据，生活窘迫

由于经济的拮据，使得家庭经济困难学生的生活水平长期维持在较低的水平，长期的营养不良不但使得他们的学习效果不佳，而且对他们的成长发育也带来了不利的影响。家庭经济困难学生每月生活费较少，用在学习上的开支也十分有限，无力购置必备的学习资料和学习工具，更不用说支付那些能力锻炼、特长培训所需的费用。虽然有些家庭经济困难学生得到了国家、社会或他人的资助，但在长期以来养成的节俭习惯，使得他们仍然保持着很低的生活水平。

3. 引起学业问题的心理障碍

心理因素包括抑郁、过分焦虑、敌对性强、有强迫症状、应付心理、自卑心理、逆反心理、恐惧心理等。而这些心理方面的障碍也的确会对学生的学业成绩产生一定的影响。抑郁和过分焦虑都会对学习的质量产生影响；敌对性强或逆反心理则除了会对认知的质量产生影响外，还会对师生或同伴关系带来影响，并且这种情感和精神上的负担会在很大程度上对其积极因素的发挥产生抑制；应付心理则会导致各种学习上的消极行为。

（1）学习过程中理想与现实的反差容易造成抑郁和过分焦虑

在进入高校之后，很多家庭经济困难学生对这种全新的教育模式难以适应，不知道如何去安排和支配自己的空余时间。在大量的自由时间里，很多大学生无所事事，不知如何充分地利用。久而久之，他们就会认为大学并没有想象中的那么美好，与自己理想中的大学有很大差距，又由于激烈的学习竞争，使得自身难以脱颖而出，进而形成巨大的心理落差，导致极大的失落感。在这种矛盾状态下，他们就会在思想上表现为不集中，缺乏自信心、情绪易波动等心理状态，最终形成抑郁和过分焦虑等心理障碍。据调查，抑郁、焦虑心理在家庭经济困难学生中普遍存在，这些心理问题的存在会极大地影响他们大脑功能的发挥，最终使得他们的学习效率进一步下降。家庭经济困难学生心理问题的产生与他们的自闭心理有着十分密切的关系。在与他人的贫富差距下，他们的心理很容易产生失衡，产生一系列心理问题，进而对他们的身体健康和学习带来负面影响。

（2）敌对性和逆反心理是影响家庭经济困难学生学习的行为因素

个体如果存在异常的心理其往往就会出现消极的应对方式。在这种情况下，其就很容易对同学、教师、学校、社会产生敌对情绪和逆反心理，甚至走向极端。相关研究表明，在高校中，家庭经济困难学生是高校犯罪的高危人群。在所有的高校犯罪案件中，家庭经济困难学生占所有犯罪人员的比重较大。在家庭经济困难学生的犯罪案件中，财产犯罪占绝大多数，如偷窃等。一旦他们采取这种极端的应对方式，那么他们就无法集中精力去学习，同时也丧失了通过学习来摆脱贫困的信心。

（3）自卑和恐惧心理是影响家庭经济困难学生学习的人格因素

家庭经济困难学生人格问题的产生与他们对财富的认识偏差有关。如果没有足够的经济支撑，那么其自信心也将会受到严重的打击。由于高校大多建设在经济较发达的城市中，在他们进入高校之后，物欲对他们造成了极大的冲击。在陌生的城市环境下，家庭经济困难学生普遍存在自卑和恐惧心理，害怕与他人之间进行沟通和交流。由于生活的圈子比较狭窄，使得他们与其他同学难以融合在一起。家庭经济困难学生狭窄的人际交往范围对他们的心理健康有着十分重要的影响，最终会对他们的学业产生负面影响。

（二）学校因素

1. 宏观上的学校教育因素包括教育制度与政策和学校管理层面因素

（1）教育制度与政策层面

我国的教育制度与政策是在政治化基因上产生的，其呈现出高度的控制性特征。在这一情况下，高校在许多方面并没有应有的自主权。高校的各项工作都是在政府教育政策与制度的要求下进行的，被动、消极地执行各种政策。例如，高校盲目扩招、盲目合并等，诸如这些都给高校带来了诸多的管理问题，不但对学生质量和教学质量带来了负面影响，而且使学生的学业不良问题也明显增多。

（2）学校管理层面因素主要包括学校教学管理、教育评价、校园文化建设等

当前，在传统的教学管理和计划经济时代教育思想的影响下，高校仍然对计划的统一非常的强调，一味地追求学生的共性，而对学生的个性发展、综合素质的培养和创新能力则有所忽视。在管理上过于对学生进行监督和约束，缺乏对学生的鼓励和引导，在教学质量监控上侧重于课堂教学，过于强调规范性的管理制度等都对教师和学生的积极性发挥带来了不利影响。在教育评价上，高校过于急功近利，曲意迎合教育主管部门的检查与经济利益的嗜好，对教师和学生的生存现状表现得比较冷淡，最终使得学生的学业理想落空。也正是由于这个原因，高校出现了大量教师的流失与大学生逃课现象。

2. 微观上的学校教育因素包括教学、课程、师生情感等层面的因素

（1）教学因素

通常来说，教学对学生的学业不良有着直接的影响。当前，

由于教育手段的制约，使得教师的教学仍然占据着学校教育的主导地位。其主要表现为学生在学习的过程中较少有选择的余地，学生往往不能自行挑选课堂教学中学习的范围和内容，只能被动地接受教师所灌输的学习内容。而相对于教师的教而言，学生的学则明显要丰富得多。从目标指向来看，当前课堂教学仍以认知为中心。现代教学观把认知活动置于整个教学的中心地位。这种以传授知识、发展认知能力为主要目的甚至是唯一目的的教育主要有以下两个特点：

（1）侧重于学生的认知发展，而对其他因素的发展则有所忽视，如情感等。认知为教育的主要目的，而其他因素则位居其次。在教学理论中，虽然也有些对情感、意志和人格等因素的发展价值持肯定意见，但这些因素的发展都是为了获得更好的认知发展。

（2）重知识轻经验。将教学过程理解为知识的积累过程，以掌握知识的数量和精确性来衡量教学过程的好坏。从教学过程来看，课堂教学只是一个简单、封闭的执行教学计划的过程。在这种教学规范里，教师充当的是绝对权威代言人的角色，其负责将各种经验、概念、法则或理论灌输给学生，而学生只能被动地接受教师的传授。一方面，由于课堂教学是严格遵循教学大纲的要求进行的，因而其比较机械、乏味。此外，由于教学只是为了向学生传授知识，而并没有在精神上与学生进行交融，学生只是被动接受知识灌输的对象。教学目标的缺陷与教学过程的僵化，难以满足学生的学的多样化需要，从而使得高校中出现了"学无所用，用无所学"的尴尬局面。在这种情况下，学业不良现象也就油然而生。

（2）课程

课程是指在校学生所应学习的学科内容及其进程和安排的总和。高校的课程是一种既定的教程，其追求一种预期的效果。强调课程是事先规定好的"跑道"，课程被定位于"文本"上，体现在教学科目、教学计划、教学大纲、教科书、教案等内容同的文本上。现代大学课程中的知识主要被作为一种毋庸置疑的、板上钉钉的客观"事实"来对待，而不再被视为一种可探索、可分析、可切磋的东西。在这种教育下，知识已经变成了一种被管理和被掌握的客观物、标准物。从而使得在教学过程中，教师和学生所要做的和能做的就是记忆和遵循这些知识。通过所谓的量化、客观化的标准化试题来对学生对课程知识的"复制"程度进行检验，而对个体源自生命体验的独到见解则有所排斥，最终抑制了教师和学生灵感思维和创造性的充分发挥。当知识被视为一种客观的、权威的知识进行传授的时候，它就会排斥所有传统的、民间的、个体的知识，使高等教育成为一个封闭而僵化的体系。使得本应生动活泼、灵活多变的教学变得死气沉沉、毫无生气。此外，高校教学还忽视课程的生成性、丰富性和复杂性，使得培养出来的学生对书本知识过于迷信，缺乏相应的批判怀疑能力，缺少对课程的学习兴趣，最终导致学业问题的产生。

（3）师生情感方面

在造成学生学业不良的因素中，教师的消极期望、对学生的关爱不够、师生关系紧张等占据着主要地位。而情感方面的原因对学生的学业不良通常没有直接的影响，但情感方面的原因却通常是引起学业不良的深层原因，这是因为情感方面的原因一旦成为学业不良的原因，那么其必然会给学生带来长期的、深刻的影响，并且其很难消除。在师生关系方面，教师对学生期望值不同主要表现在教师对学生的态度、亲疏程度和信任程度方面，而这种不同的态度、亲疏程度和信任程度又常常直观表现为教师对学业良好和学业不良学生的不同情感指数，也就是教师对学生是否喜欢、是否关心和沟通交流的次数等，在这种带有情感指数的期望传递给学生之后，其除了会使学生对教师的情感指数发生变化之外，还会对学生的自我评价、自我意识和自信心产生影响，进而对师生之间的关系发展和学生对学业的兴趣产生影响，最终使得学生的学业成绩难以得到提高。在教学过程中，师生之间的情感交流过程极为重要，在情感交流的过程中，虽然并未进行知识的直接传递，但其对维持和推动知识传递发挥着十分重要的作用。也就是说，教学过程除了有知识的传递之外，其包含着师生之间的情感交流。总之，良好的师生关系和同学关系对教学过程具有积极促进作用，而不良的师生关系和同伴关系则有消极的阻碍作用。

三、解决高校家庭经济困难学生学业问题的途径与措施

高校家庭经济困难学生学业问题非常的复杂，因此，在具体的为他们解决学业问题的过程中很难找到一蹴而就的方法。又由于学业问题涉及多方面的因素，因此很难通过对某一方面或某一部分的改良来彻底解决学业问题。为此，我们只有从广泛改善、配合重点突破着手才能从根本上解决大学生学业不良问题。

（一）基础性策略

1. 坚持以人为本，对高校家庭经济困难学生进行人文关怀

在高等教育中，以人为本的人文精神的重要性越来越凸显了出来。人文精神的核心理念包含两方面内容，一方面是对人的尊重，也就是说既要保障人们的基本生存需求，还要尊重人们的价值和选择。另一方面是要积极地塑造人，使人的主体性走向成熟，进而消除成长过程中的自发性，使人避免误入歧途。由此可知，人文精神是对人的全面关爱，它的最终目的就是促进人的自由全面发展，是对人的人格和心灵的极大尊重。在解决高校家庭经济困难学生问题的过程中，对他们予以人文关怀和塑造，能够取得较好的效果。为此，辅导员及任课教师应当对学生的人文关怀方面引起高度的重视，运用"三心"激励法来激励和帮助家庭经济困难学生。

（1）自信心激励法

自信是人走向成功的重要心理因素，其从内部推动人努力向上。自信与学习成绩之间的关系十分密切，在教学过程中，要使家庭经济困难学生建立自信心需要做到以下几点：

①教师的课堂教学要有层次性，在课堂中向"学习困难学生"提问时，可以问一些简单的问题，让他们从正确回答问题中增强自信，感受到成功的喜悦。同时，无论他们回答问题的答案是否正确，教师都应当对其予以微笑，让其能够对自身树立信心。

②建立学习小组，将"学习困难学生"与成绩优秀的学生分

编在一个学习小组，让成绩优秀的学生主动帮助他们。

③教师应当善于发现和挖掘家庭经济困难学生的优点，充分发挥他们的长处，使他们树立自信心。

通过教师和成绩优秀学生的共同帮助，使家庭经济困难学生树立自信心，激励其奋进，提高其学习成绩。

（2）自尊心激励法

任何人都渴望被他人尊重，都有自尊。对家庭经济困难学生来说，其更需得到他人的尊重和爱护，信任是打开学生封闭心理的一把钥匙，也能在一定程度上促进其自尊自爱。因此，教师应当对家庭经济困难学习树立信心，相信他们一定能够不断地提高自己的学习成绩。教师要注意培养和保护家庭经济困难学生的自尊，对他们在学习中遇到的困难要予以关心和帮助，要让他们感到"我能行"，如此才能激发他们自我教育的内部动力，取得良好的教育效果。

（3）进取心激励法

进取是人的智慧之源，在教育过程中，教师应当对每一个家庭经济困难学生都要保持肯定的态度，对他们已经取得或正在取得的进步和成绩给予及时、充分地肯定评价，激发他们的进取心。在课堂教学中，教师应当力求教学方式和过程新颖，提高学生的兴趣，引发他们的进取心。教师的表扬和鼓励都是对家庭经济困难学生的极大信任和肯定，能够有效的增强他们学习的内部动力，进而能够更加积极、主动地投入到学习中。同时，教师要善于观察发现家庭经济困难学生在学习过程中的闪光点，及时地对他们予以表扬和肯定，激励他们努力奋进。

2. 改善师生关系，积极推进导师制建设

众所周知，良好的师生关系能够有效地学生的学习。良好的师生关系主要表现在师生之间情感融洽、能够相互理解和行为协调。同样，如果师生之间的关系紧张、不和谐，那么必然会使学生产生"厌师""厌学"的情绪，最终使得他们学业不良。在问卷中有关师生关系问题的回答中，12.2%的学生认为教师对自己的关系不够，感到自己被教师冷落，16.2%的学生认为教师和自己难以亲近，彼此无法进行正常的情感交流。因此，从教师方面说，应当放低自己的姿态，尊重学业不良学生的人格，理解、信任和鼓励他们，无论如何都不能嫌弃和挖苦他们。心理学家研究表明，他人对自己的反映是人们作出自我判断的一面镜子，受他人评价的影响，人的行为也往往会发生改变。教师对学生的尊重、理解、信任往往会产生巨大的心理作用，能够有效地激发他们奋发向上的学习动力。

（1）教师、辅导员要与家庭经济困难学生家长联合，共同促进学生学习

帮助高校家庭经济困难学生脱离"学困"状况需要教师和家长的共同努力，这是因为他们在家中的情况教师很难真正了解，而在学校，家长又很难知晓他们的真正表现，所以，只有通过教师和家长的相互配合，有针对性的对他们进行教育，才能帮助他们早日走出"学困"的境地。但是，由于家庭经济困难学生都是来自祖国的四面八方，大都离家里比较遥远，为了能够让家长放心，他们都选择将自己的真实情况隐瞒，不让家长知道自身的真正境况，否则会使自身的压力更大。由于家庭经济困难学生的家庭比较特殊，因此，教师在与他们的家长进行沟通时要掌握好方式方法，否则则会对他们带来很大的影响。所以，在具体的过程中，教师应当从家庭经济困难学生的自身情况出发，积极地与家长进行配合，和谐施教，只有这样才能更好地帮助他们走出"学困"。

（2）推行导师制，建立新型师生关系

在影响大学生学业成绩的众多因素中，新型师生关系的重建问题是一个深层次的关键因素。当前，高校的师生关系正处于转型期，在这一时期，教师对学生的学业发展引导对师生关系的建立和维系显得更为重要。本科导师制就是在这一情况下产生的，在本科阶段建立导师制，为新型师生关系的重建提供了一条可资借鉴的途径。

导师制指的是由优秀教师担任学生的导师，并对学生的政治思想、学习方法和专业发展方向等方面提供指导。导师制的确立意在将教师的教育主导作用充分发挥出来，通过对学生的专业辅

导、思想引导、心理指导，实现专业教育与思想教育、课堂教育与课外教育、共性教育与个性教育相结合，促进学生综合素质全面提高。导师通常由德才兼备、工作认真、具有较高思想道德素质和业务水平的教师承担，而由符合条件的专业教师来担任则是最优的选择。由此建立一支数量充足、思想过硬、业务熟练的导师队伍，进一步完善导师制。

导师的职责和工作内容主要包括以下几个方面：

（1）关心学生的思想进步，引导学生明确学习目的和成才目标，端正专业思想和学习态度，促进学生知识、能力、素质协调发展。

（2）将学科和专业的教学内容、方向和发展前沿向学生做详细介绍，使学生及时了解和明确专业的学习内容与发展方向。

（3）针对学生个体差异，对学生选课、选择专业方向等方面进行指导。既要尊重学生的兴趣和志向，又要注意知识结构的系统性，使学生所选课程知识结构严谨。

（4）为学生参加科研活动创造条件，鼓励和引导学生参与生产与社会实践等活动，扩大学生视野，活跃创新思维。

（5）及时与辅导员、任课教师及学院办公室取得联系。及时了解学生的学习生活动态，适时指导和帮助学生。

（6）热情、认真负责地对学生进行指导，每学期开学两周内必须与学生见面，制定和安排本学期的主要工作计划，认真制定、填写《学生个人培养计划》和《导师工作手册》。导师要定期与学生见面，每月至少与被指导的学生进行一次面谈或集体指导。

（7）导师要对受到学业提醒或警示的学生进行重点指导，帮助他们制定学习计划并督促其严格执行。

（8）教育学生树立正确的就业观，对他们的择业进行指导，并尽可能推荐学生就业。

从部分高校试行导师制的情况来看，导师制与高等教育的基本规律是符合的，尊重学生个体的差异性和多样性，对提高高校人才素质和优化培养效果具有十分重要的意义。此外，通过实施导师制能够使教师更好地实施因材施教，更好地培养学生的专长和就业、心理等方面，同时也有利于提高学生的自我管理能力，优化师资队伍。导师制与教学理论的因材施教、教学相长和启发诱导原则是相符合的。导师制对学生进行学习、思想、观念的引导、教育和帮助，能够有效地推进高校学分制的健全发展，培养学生科研意识，引导学生更新思想观念、提高学生学业成绩。

实行导师制要注意以下几个方面：

（1）要实行导师制与专职学生管理干部队伍的结合。

（2）要实行导师制与班主任制的结合。

（3）要实行导师制与副导师制的结合。

（4）要实行导师制与建立指导目标责任制的结合。

（5）要实行导师制与学分制的结合。

3. 创造有利于家庭经济困难学生学习进步的外部环境

（1）创建积极和谐的班级人际关系环境

学生在人际关系和谐的学习环境中往往更能感受到同学和老师的关怀与关爱。但如果同学之间的关系不和谐，缺乏相互之间的尊重，那么身处其中的学生就会更多地感受到来自同学的威胁，因此，在进行班级管理时，必须加强人际关系的管理，创建和谐、融洽的班级环境。

（2）形成目标明确、民主气氛和组织纪律性强的班级组织环境

教师要运用现代教育观来审视整个课堂教学，营造一个民主、平等、和谐、宽松的教学环境。教师应亲切和蔼、真诚耐心对待每一个学生，公平、公正地对待学生的任何事情。当学生有新观念和不同见解时，教师应虚心容纳和接受。在这种情与情交融、心与心相碰、教与学相长的情境中，使学生能够更加顺利地获得他人的帮助，将向他人求助作为一种自己提高、进步、克服困难的学习策略，形成学习的良性循环，进一步提高学业成绩。

（3）形成互助、团结、友爱的宿舍风气

在学习过程中，向他人寻求帮助是一个比不可少的部分，也是一个非常重要的部分。尤其是住在同一个宿舍的同学，由于在一起生活和学习的时间较长，所以相互之间的帮助就更为重要。在同一个宿舍里，成绩好的可以帮助成绩差的，学习习惯好的可

以可以为其他同学作出表率，促进他们养成良好的学习习惯，进而促进宿舍成员整体成绩的提高。

4.重视高校工作主渠道，深化大学课程与教学改革

高校学生通过大学课程的学习可以更好地认识客观世界，有助于大学生人格的构建。大学课程是高校教育的实体内容，是高校开展各项工作的主要渠道。伴随着我国高等教育的快速发展，大学课程与教学改革也在不断地深化。但从整体上来看，大学课程与教学的现状与理想的状态还存在一定的差距，在具体的实施过程中还存在诸多的问题。在课程与教学目标方面，教学计划以及教学标准中体现的课程目标未能充分发挥其对大学生学业的指导作用。这是因为教学计划及教学标准对课程与教学内容、课程与教学实施、课程与教学评价的要求有着严格的规定，并且就这些直接的、指令性的、硬性的标准而言，大学生即便是努力也很难达到。并且这一课程与教学目标所强调的是结果性和表现性目标，而对过程性和体验性目标则很少顾及，在整个学习过程中，学生只是被动的学习和记忆教师所讲授的内容，在这种模式下，部分学生对课程学习的兴趣逐渐下降，最终导致学业不良问题的产生。在课程与教学内容方面，现行的课程与教学内容与学生的现实需要不匹配，课程与教学内容缺乏新颖性和实践性。同时，由于学生渴求多方面的知识，因而双方的契合度很低。很多课程与教学内容在内容的系统性和严密性上过于苛求，给学生造成了一种无懈可击的绝对真理的假象，从而使得学生疏于对知识的形成过程进行分析，不通过实践来检验知识的新旧与正误，过于盲目服从课本与权威，在这种情况下，也使得他们对学业的重视程度下降，从而衍生学业问题。

（1）改革课程与教学目标存在的问题

课程与教学目标的预期功能是引导课程与教学全面发挥知识与技能、过程与方法、情感态度与价值观三位一体的课程与教学功能，要对学生的态度、情感提出目标要求，要潜移默化地培养正确的学习方法、学习态度，要培养学生敢于怀疑、勇于创新、乐于探索的精神，更要帮助学生树立正确的世界观、价值观，树

立远大理想，培养学生的社会责任感。因此，课程与教学并不只是单纯地对知识或技能进行强调，而且还要对学生的认知水平提出要求。由于现行课程与教学目标是根据教学计划和教学大纲设计和制定出来的，其知识从认知水平方面对学生提出要求，重在对教学工作进行规定。课程与教学目标只是体现为最基本的教学内容、教学要求、教学目标及教学建议。在这种课程与教学目标下，必然是更加关注知识点本身，关注学习是否达标，学习的效果是否达到，而对学习的过程和学习过程中情感、态度、价值观的发展则有所忽视。

（2）加快课程与教学内容改革

从人类认知发展的历程来看，如果保持课程与教学内容的一成不变是行不通的，其应该随着社会经济、科学文化、人自身需要变化而有所改变和发展。当前，我国正处于科学技术迅速发展和各方面快速转型的时期，发展和更新的速度非常快，因此，大学课程与教学内容更应当顺应时代的发展不断地更新。此外，对课程内容中的人文教育与通识教育内容所占的比例要做适当提高，以满足学生在人文教育与通识教育方面的需要。

（二）主导型策略

马克思主义认为，事物的变化是外因和内因共同作用的结果。在改善家庭经济困难学生学业问题的策略中，各种基础性策略所起的作用只是被动的推动作用，所取得的效果也非常有限。家庭经济困难学生学业问题要想得到解决，那么就必须提高学生自身的素质。只有他们自身能够在现实中积极行动起来，主动改造自我，才能获得各方面综合素质的提升，而这也就是我们所说的主导型策略。

1.关注高校家庭经济困难学生心理健康，积极开展心理健康教育

具有学业问题的家庭经济困难学生大多具有一定程度的心理不良状况，例如，自卑、焦虑、心理压力过大、排斥和抵触等，最主要的是心理消极、缺乏学习动机。因此，要想使大学生的学

业不良问题获得转化，关键就在于帮助他们克服不良心理，激发他们的学习动机，培养他们的学习兴趣，充分调动他们自身的心理内驱力。对此，我们可以从以下几个方面入手。

（1）鼓励他们战胜自我，勇敢地面对现实，走出家庭经济困难学生的心理阴影，正确认识自己目前的经济处境，正确地认识和评价自己。

（2）对家庭经济困难学生加强心理知识教育，增强他们战胜心理问题的信心和力量，激发学习动机，消除消极心理。

（3）激发家庭经济困难学生的好奇心，引发求知欲，帮助他们获得成功感。

2. 普及营养卫生知识，增强家庭经济困难学生的体质

家庭经济困难学生为了维持自身的基本生活，往往在各方面都表现得比较节俭，对自身的身体健康也往往没有引起足够的重视，因此，引导他们重视自身的健康具有十分重要的意义。要鼓励家庭经济困难学生在得到国家资助的同时，也要努力提高自己的生活水平，奠定良好的身体基础。在条件允许的情况下，高校可以为家庭经济困难学生办理统一的就餐卡，以制度的形式切实改善家庭经济困难学生或其他非家庭经济困难学生的生活水平。

3. 从学习要素出发，促进家庭经济困难学生的学业进步

（1）注重向家庭经济困难学生传授学习方法

在进入高校后，家庭经济困难学生的生活发生了较大的变化，对新的学习方式和规律也很难适应。因此，在具体的教学过程中，教师应当在学习方法上对他们予以指导，帮助他们适应和掌握新的学习方法和策略。事实上，许多大学生对学习策略的兴趣比较大，他们都在尝试运用自己所知的学习策略来进行学习，但由于所取得的学习效果并不理想，从而使得其学习热情逐渐减退。在学习方法的指导中，教师应当有针对性地对学生予以指导，帮助他们寻找适合自己的学习方法。因此，对学业不良家庭经济困难学生来说，首先，要做的就是根据自身的实际情况制定相应的学习目标和计划，增强学习意志力，并且严格按照所制定的学习计划进行学习，让自己的每一天都充实起来。其次，教师帮助他们探索

适合自己的正确学习方法。最后，要培养他们养成良好的学习习惯，摒除不良的嗜好。例如：

①有计划地、按部就班地安排学习活动；

②合理安排学习时间；

③学会正确利用各种学习资料；

④能适应与教师、同学合作学习；

⑤养成每天预习的习惯；

⑥听课集中注意力；

⑦按时完成当天的作业，及时复习、消化当天的功课；

⑧对发回的试卷能认真分析原因，找出补救措施；

⑨制定错题集，给自己出检测题；

⑩有排除各种干扰的能力，保证学习活动的顺利进行；

⑪选择并采用合适的学习方法；

⑫学习过程中善于总结自己的经验并善于借鉴他人好的学习方法和经验；

⑬对学习或做事常常总结、回忆、反思等。

（2）激发家庭经济困难学生的学习动机

学习动机是推动学生学习的内部动力，同时也是维持学生有效学习的关键因素。因此，在具体的教学过程中，教师应当注意激发家庭经济困难学生的学习动机，使他们能够充分地认识到学习的价值，帮助他们产生对学习的深层次动机。为此，教师可以为学生确立目标，树立信心，增强学习动力。在初入大学校园时，新生都会有一种很强的自豪感和优越感，对于这种自豪感和优越感，教师应当帮助他们维系和发挥。特别是对那些成绩高、有理想的新生，更应经常提醒他们不要忘了自己当初的志向，同时，还要经常给他们施加一定的压力，促使他们产生学习的动力。

（3）提高学生自主性学习能力

学生是学习的主体，任何学习任务的完成都依赖于学生本身。在学习策略教育中，教师只是对他们起着引导和帮助作用，关键还是在于学生的学习自主性。同时，自主学习本就是大学学习的一个特征，因此，通过提高学习的自主性学习能力，可以有效提高他们的学业成绩。

4.搭建家庭经济困难学生能力拓展平台，提高家庭经济困难学生的综合素质

（1）成立家庭经济困难学生自强社等组织

以"自尊自强、团结互助"为宗旨，通过开展文艺、体育、演讲等方面的竞赛，给家庭经济困难学生提供一个展示才华的平台和机会。通过这些竞赛活动的举办，一方面可以促进其与其他同学之间的沟通与交流，增强他们的自信心和交际能力；另一方面也可以提高他们在组织、管理、沟通、协调方面的能力。除了举办一些竞赛活动之外，还可以开展家庭经济困难学生公益活动，使家庭经济困难学生感受到他们也是社会的一份子，也能为学校和社会服务，培养和表达感恩之心。通过这一系列活动的举办，不仅可以提升家庭经济困难学生的自我认同感和价值感，还能提高他们的实践技能。

（2）加强家庭经济困难学生的技能培训

由于经济的拮据，家庭经济困难学生往往在学习辅助工具和素质拓展培训等方面投入得较少，因而在实践方面显得不足。为此，针对家庭经济困难学生普遍存在的英语基础薄弱和计算机运用能力欠缺等方面的问题，可以有针对性地对他们进行实践技能培训，提高他们的就业竞争力。

（3）学校扶持、鼓励家庭经济困难学生进行科技创新和自主创业

当前，就业形势已然非常严峻，为提高大学生的综合素质，各高校都非常重视学生科技创新能力的培养和自主创业能力的提高。有些家庭经济困难学生迫于经济压力，即便有创新的能力和创业的梦想，但最终也只能不了了之。因此，给有创新能力和创业才能的家庭经济困难学生一个平台，让他们能够充分地展现自己的聪明才智，是提高他们创新、创业能力和实践技能的有效途径。

第三章 高校助困育人体系的构建

　　自我国实行高校收费制度以后，高校学生在校期间都要缴纳一定的学费。高校家庭经济困难学生作为高校中的一个特殊群体，他们的经济困难问题能否得到解决直接关系到他们的学业是否能够顺利完成。因此，如何根据他们的特点，构建一个高效的助困育人体系，帮助他们健康成长、完成学业，具有十分重要的意义。

第一节　我国高校助困育人体系的现状与分析

一、我国高校助困育人工作的发展历程

（一）中国助困育人工作的背景

　　追溯到 2007 年，时任我国教育部部长的周济说道，我国高等教育的毛入学率已然达到了 23%，而学生人数更是高居世界首位，由此可知，我国的高等教育已经进入了大众化阶段。但是，伴随着我国高等教育的普及，高校中大量来自贫困地区或低收入家庭的学生面对高昂的学费和生活费已然身心俱疲，成为高校校园的一个弱势群体——家庭经济困难学生。据相关数据统计，我国高

校在实行并轨收费制度之后，贫困大学生的数量一直在不断增多，特别是在高校扩招之后，这一数量更是得到了井喷式的增长。在这些家庭经济困难学生中，90%以上的家庭收入主要来源于纯农业收入。当前，家庭经济困难学生问题已经成为一个影响教育公平的社会问题。同时，经济贫困不但会给这些家庭经济困难学生带来物质上的短缺，而且还会给他们的精神和心理带来无尽的困扰。据北京青少年发展基金会对北京高校贫困家庭大学生现状的调查显示，73%的高校家庭经济困难学生对自己的生活状况不满意，64%的高校家庭经济困难学生觉得自己的生活非常的艰难，无法感受到生活的幸福，52%高校家庭经济困难学生在精神上比较抑郁或者有抑郁的倾向，60%的高校家庭经济困难学生对自己的贫困感到非常的羞愧，22.5%的高校家庭经济困难学生对自己的境况感到自卑，不想让他人知道自己的状况，并且对他人的同情存在抗拒心理，42.2%的高校家庭经济困难学生在生活上非常封闭，既不愿意向他人求助，也不愿意主动与他人交流，40%的高校家庭经济困难学生参与社会活动的热情受到打击，约20%的高校家庭经济困难学生的社会观点比较极端，甚至产生极端行为。为了让这些家庭经济困难学生有一个快乐的校园生活，顺利地完成大学学业，我国一直在探索和借鉴发达国家的经验，不断地制定、改革和完善家庭经济困难学生资助政策体系，力求为家庭经济困难学生解除困境。

（二）国家助困育人政策的发展

从我国以往解决家庭经济困难学生问题的工作中可知，这一工作基本经历了从个别资助到大范围资助、单一资助到系统资助，经济资助到物质和精神的全方位助困育人的过程。也就是说，我国的助困育人工作已从单一的家庭经济困难学生资助政策转变到了拥有国家完整的助困育人体系。

（1）单一资助政策阶段。我国的助困育人工作始于单纯资助家庭经济困难学生政策。在 1950 ~ 1986 年期间，我国高校实行的是免费就读和人民奖学金制度。

（2）多元化资助政策完善阶段。从 1986 年开始，人民奖学金制度有所调整，家庭经济困难学生可以向银行申请无息贷款；1987 年 7 月 31 日，《普通高等学校本、专科实行贷款制度的法规》正是颁布实施；1999 年 8 月 17 日，教育部发布了《国家助学贷款管理操作规程》，中国人民银行批准发布了《中国工商银行国家助学贷款试行办法》，这一系列规定和办法的实施使贫困大学生更为方便地获得助学贷款；1995 年 4 月 10 日，《国家教育委员会关于对普通高等学校经济困难学生减免学杂费的有关事项的通知》发布，初步形成了以奖学金、贷学金、勤工助学基金、特殊困难补助以及学杂费减免为主体的多元化高校学生资助体系。

（3）国家助困育人政策体系确立阶段。2003 年，以"奖、贷、助、补、减"五大方面为主的家庭经济困难学生经济资助政策基本建立。时隔不久，国家教育部又在《关于切实做好资助高校经济困难学生工作的紧急通知》中明确指出："今年新学期开学时，各高等学校都要一律设'绿色通道'制度，确保今年新录取的经济特别困难学生顺利入学，不允许任何高校以任何理由拒绝家庭经济困难学生入学。"也就是在"奖、贷、助、补、减"的基础上，增加了入学时的"绿色通道"政策；2005 年，中共中央、国务院颁发了《关于进一步加强和改进大学生思想政治教育的意见》，这一意见的颁布进一步明确提出要"以政府投入为主，多方筹措资金，不断完善资助政策和措施，形成以国家助学为主体，包括助学金、奖学金、勤工助学基金、特殊困难补助和学费减免在内的助学体系，帮助经济困难大学生完成学业"。首次确立了从经济资助到全面援助的贫困大学生助困育人工作指导方案；2007 年 5 月 9 日，国务院总理温家宝主持召开国务院第 176 次常务会议，讨论并通过了《国务院关于建立健全普通本科高校、高等职业学校和中等职业学校家庭经济困难学生资助政策体系的意见》，决定从 2007 年秋季开学起，进一步建立健全我国家庭经济困难学生的资助政策体系，规定从 2007 年秋季开学起，对教育部直属师范大学新招收的师范生，实行免费教育，5 月 13 日，这一意见被正式颁布实施。至此，我国新的全面助困育人体系正式出台。从我国助困育人体系的发展过程可知，在国家助困育人政策体系确立之前，在不同的历史条件下，助困育人的资助方式也不一样，并且特定时期这些资助方式在资金来源、操作规则、资助对象等方面都并没有明确的概念，缺乏系统性和操作性。同时，这些资助方式并没有充分认识到国家在高等教育、济困助学中所应承担的社会福利和社会责任，并未找准解决问题的落脚点，最终使得高校助困育人工作难以正常开展。当前，资助政策体系的确立为广大家庭经济困难学生顺利进入高校、完成学业提供了全方位的政策保障，使家庭经济困难学生不用再为经济困难发愁，也使家庭经济困难学生获得了公平的教育机会。

二、当前我国高校助困育人体系的特色

（一）助困育人主体的层次性与责任的确定性

助困育人的主体，指的就是为家庭经济困难学生提供援助的单位和个人。从主体提供的援助内容、资金来源和责任划分来看，可以将其分为政府援助系统、群体援助系统和个体援助系统。新的助困育人体系政策的总体思路包括：加大政府助学力度、完善和落实国家助学贷款政策、落实学校从事业收入中提取一定比例用于助学。首先强调"要加大政府助学力度"，提出由中央设立国家奖学金，既帮助家庭经济困难学生，又鼓励优秀学生。也就是说，无论家庭经济困难与否，只要特别优秀，都可以获得国家奖学金；由中央与地方共同设立国家励志奖学金和国家助学金，解决高校家庭经济困难而又品学兼优的学生的生活费用问题，形成国家奖学金、国家励志奖学金、国家助学金、国家助学贷款和勤工助学等多种方式并举的资助政策体系。明确规定，以国家助学贷款为主，以国家励志奖学金为辅解决家庭经济困难学生学费、住宿费问题；以国家助学金为主，以勤工助学为辅解决家庭经济困难学生生活费问题。由此可知，新的助困育人政策体系主体不但层次清楚、责任明确，而且具有很强的系统性和长期性，其在资金分担上比以往的资助方式更为合理，大幅度提高了财政助学

的投入，具有明显的政策导向作用。总而言之，新的助困育人体系的确立，解决了家庭经济困难学生头等大事，为他们潜心学业、努力成才提供了有力的支持。

（二）助困育人对象的广泛性与方式的多样性

据相关调查显示，高校学生上大学的费用主要来自家庭和亲友的资助，按资助来源所占的比例，由高到低依次是家庭资助、亲友资助、奖学金、助学金、勤工助学、贷款、其他。对非家庭经济困难的学生来说，其在校学习和生活所需费用是由家庭提供，其他所需费用则是通过其他方式获得，例如，亲朋好友的资助、奖学金、助学金、勤工俭学、贷款等。而对家庭经济困难学生来说，其学费和生活费则主要来源于奖学金、助学金、勤工俭学和贷款。为此，新的助困育人政策体系将不同的资助渠道统筹起来，使中央与地方、各相关部门与学校进行明确分工、各司其职、落实责任，采取奖、贷、助、补、减等多种资助方式来资助家庭经济困难学生。

（三）助困育人水平的保障性和程序的可操作性

以往，各资助体系在操作过程中并没有统一的原则，适用性不强。例如，在资助家庭经济困难学生方面，高校大多采用学费减免、困难补助、勤工助学、生活借款等方式来进行资助，但对队伍庞大的家庭经济困难学生队伍来说，这种资助所取得的效果非常的小，又由于这种资助对资助的对象并没有明确限制，从而使得任何学生都可以进行争取，并且学校对申请资助的学生的经济状况很难做到全面地了解，最终使得真正家庭经济困难学生的资助水平难以得到保证。而新的助困育人政策体系则完全不一样，其通过一系列的硬性规定从制度上保障了助困育人的水平，使援助程序更具操作性。从制度方面来看，首先，扩大了贫困助学的资助面，使资助人数占全国普通高校和高等职业学校在校生总数的 20%，并且对每个学生的年资助标准进行了明确规定；其次，对国家助学贷款政策进行了进一步完善和落实，实行助学贷款代偿政策，确保"应贷尽贷"；再次，从 2007 年秋季开学起，对教育部直属的师范大学新招收的师范生实行免费教育；最后，规定学校要从事业收入中足额提取一定比例的经费用于助学开支。这些资助程序都具有很强的操作性，切实保障了资助水平。

三、我国现有助困育人体系中存在的问题

（一）缺乏先进统一的助困育人理念作为搭建助困育人体系的指导

资助理念是社会发展到一定程度时所出现的，体现了人们对于各个时期社会经济以及对于高等教育发展要求的把握。并且，每一项资助政策都有其支撑的理念。我国在这方面虽然起步较晚，但在近些年来，我国的高等教育资助工作也受到了许多新的理念的影响，在这众多的理念中，有的甚至还来不及分析，就被应用到具体的工作中，由此给高校带来了极大的负面影响。因此，针对这一情况，我国高校必须树立一个科学合理的助困育人理念。

1. 重视经济资助，忽视教育引导

一直以来，我国高校在帮助家庭经济困难学生方面做了大量的工作，也形成了"奖、贷、勤、补、减"的多元化资助体系。但从整体上来看，这一经济资助体系虽然对家庭经济困难学生的经济扶持非常的重视，但其在家庭经济困难学生的主体意识和需求上却有所忽视，并且在与其相配合的思想道德教育方面也未引起重视，例如，与贷款有关的诚信教育、与助学有关的责任心教育、与奖学金有关的诚实教育等，而这些都会直接影响到学生的健康成才。

张民选指出"家庭经济困难学生不仅是一个单纯的经济问题，而且还是一个综合性问题，如果不能得到及时的帮助，可能会对家庭经济困难学生的价值观、心理素质、生活信念、综合素质等方面产生深层的影响。"[1]

国家实施各种资助政策的目的就在于对家庭经济困难学生提

---

① 黄富慧，刘威. 我国启动特困大学生资助项目——关注精神健康. 新华网北京 8 月 6 日电.

供切实的保障，使他们能够顺利地完成学业。在日常的教学工作中，在解决好家庭经济困难学生经济困难的同时，关注家庭经济困难学生在成才方面的需求，充分发挥资助政策的育人功能具有十分重要的意义。

2. 强调外在帮扶，忽视培养自救意识

社会学家李来来指出"高校家庭经济困难学生问题不仅仅是经济困难问题，而且是一个结构性问题，单纯的从经济上帮助他们无法解决这一问题，重要的在于提高他们获取资源的能力和可能性。"①

在目前的资助体系中，补、助、减是国家和学校对家庭经济困难学生的无偿资助。其中困难补助和学费减免是一种赠与性的无偿资助，而助学金则是国家给予的，定时发放到学生手中。诸如这些无偿性的资助由于都不需要学生付出什么，因而很容易使学生产生不劳而获的思想，形成"等、靠、要"的心理。国家助学贷款由于国家的贴息，使得其利率比市场利率要低很多，因而其也可以成为无偿或半偿。勤工助学其实也是一种半免费的资助方式，例如，校内勤工俭学，其将直接的家庭经济困难学生补助加在勤工助学活动的报酬上发放，是一种补助和劳动报酬相结合的形式。而奖学金则是一种兼激励与资助于一体的资助方式，但又侧重于资助。目前，最高额度奖学金国家奖学金和省市政府奖学金的奖励对象明确规定为经济困难学生。

3. 一味照搬西方观念，忽视优秀传统与西方影响的碰撞与融合

（1）"以俄为师"，照搬苏联资助模式。苏联当时政策主要采取免费加助学金、开办工农速成学校和建立干部学校等方法来资助大学生，对这些资助方法，我们之前都照搬过。免费上大学、提供助学金充分保证了学生的学习条件，尤其是对工农学生来说更是一种福音。在助学金年代，社会基本认为学生上大学就是为了国家、为了人民，毕业后为国家和人民服务，而国家则为其提供资助，但在这种模式下，国家的负担非常的沉重。

---

① 李来来. 救助贫困生仅靠给钱是不够的 .http：//www.hebei.com.cn2004.3.3.

（2）教育公平。美国著名经济学家西奥多·舒尔茨和盖瑞·贝克等人在 20 世纪 50 年代提出教育是一种人力资源投资的看法，认为教育投资的回报率比任何其他物质资本投资的回报率都要高。因此，教育投资是一种最重要、最值得的投资。而其他一些经济学家和社会学家又通过研究证实了美国人力资本造成了巨大的浪费，认为大多数贫困中学毕业生由于得不到高等教育，从而使得他们的才能和潜力无法充分发挥出来。因此，对于家庭经济困难学生，政府必须对其予以资助，确保他们能够平等地接受高等教育。

（3）人文主义关怀。人文主义关怀理念具有鲜明的时代特征，它的出现，给高等教育资助理念带来了新的变化。在新的历史时期，人文关怀的出发点和归宿都表现为人的生存、安全、自尊和发展等，是以充分尊重人、理解人、关心人、帮助人、肯定人、丰富人、发展人、完善人即建设"人"本身为宗旨和目标，以促进人的全面、和谐、充分、自由发展为内在价值尺度的一种价值取向、思维方式和人本文化。

（二）现有资助体系功能发挥并不理想

1. 助学贷款未能达到期望规模

在所有的帮助经济困难的政策中，国家助学贷款的额度是最高的，自然也是帮助经济困难学生的首选方式。但从当前发放的助学贷款的情况来看，只有 23% 的家庭经济困难学生能够获得助学贷款。据相关统计显示，截至 2002 年底，在指导性计划内的 1 200 多所高校中就有约 480 所中并没有开办国家助学贷款业务，与满足家庭经济困难学生的贷款需求相距甚远。同时，由于高校收费一直在不断的增长，而国家助学贷款在贷款额度上有明确的限制，从而使得学生最终得到的贷款难以满足真实需要。此外，国家助学贷款具有商业性和公益性双重特点，从而使得银行在执行国家助学贷款政策时又要兼顾放贷的利润和风险。正是由于这种公益性和商业性之间的矛盾，使得银行在推行国家助学贷款时将自身的利益放在首位，进而影响到助学贷款的发放。

2. 奖学金存在获奖面窄、机会不均等情况

奖学金是国家、企业或个人为奖励品学兼优的学生而设立的，因而获得者只是少部分学生。在助学金改为奖学金制度以后，人们对其认识集中在激励和导向方面，而对其资助功能则有所忽视，最终使得奖学金的获奖面窄、份额少，无法真正发挥其资助功能。当前，奖学金的完整含义是优秀学生奖学金。在大学校园中，家庭经济困难学生与家庭条件优越、受教育条件好的学生在奖学金的竞争上显然落于下风，能够获得奖学金的家庭经济困难学生更是少之又少。在家庭经济困难学生中，部分学生为了保证最基本的生活去打工，不能集中精力完成学业，最终不仅无缘奖学金，甚至连完成学业都成了问题。虽然国家和学校设立了多种奖、助学金来激励和帮助学生，但由于在"奖优"和"助贫"上并没有明确的界限，从而使得它们的效用都未能充分发挥出来。同时，由于各种奖学金主要面对学习优秀的学生，并且家庭经济困难学生却碍于经济、身心负担重等原因不能专心学业，从而使得家庭经济困难学生获得奖学金的难度加大。据相关数据统计，在奖学金的获得者中，只有约10%的获得者是家庭经济困难学生，并且所得到的奖学金的金额也仅为150～1 000元。在实行国家奖学金制度之后，虽然奖学金的额度有了较大幅度的增长，但其级别高、竞争强，因而对家庭经济困难学生来说难度则更大。据统计，在国家奖学金的获得者中，只有不到5%的获得者是特困生，由此可知，改革奖学金的相应制度是必由之路。

3. 关于勤工助学

（1）大学对经济的认识存在误区，自立意识薄弱。当前，绝大多数大学生的开销主要来源于家庭，大学生本身则很少负担这些开销。"万般皆下品，唯有读书高"的传统文化思想深深地扎根于人们的脑海中，部分学生在传统思想的影响下，对勤工俭学的看法比较片面，认为其是一种耽误学习、有损大学生形象的事情，为此不愿或羞于参加勤工助学工作。从理论上来说，如果一个星期的勤工俭学时间在4～8小时之间或更多则会对学生的学业产

生影响。但实际上，很多学生在一个星期内花费在武侠小说、聚会、谈恋爱等上的时间远远超过了这个时间。也就是说，说勤工助学会影响学业无非是他们为自己的懒惰找出的借口。事实上，如果能够处理好勤工助学和学习之间的关系，那么不但可以二者兼得，有的甚至还能促进本身专业的学习。

（2）勤工助学范围偏窄，岗位较少，稳定性差。当前，大学生大多是通过家教、直销、临时工、做点小生意等进行勤工助学，而学校所能提供的勤工助学岗位也无外乎助教、助管、助研等。也就是说，大学生所能进行的勤工助学工作范围较窄、岗位少、稳定性差等。在目前的勤工助学岗位中，体力型的岗位仍然占绝大多数，的确这种岗位可以锻炼学生的毅力和体能，但它在发挥学生专业特长和智能方面则比较有限，使得他们疲于奔命。又由于打工是一个艰辛的过程，多数家庭经济困难学生由于这样或那样的问题而与许多工作无缘，进而只能从事那些机械、耗时、简单、工资低的体力工作，非但不能缓解生活的压力，反而还会影响到学业。在生活的沉重压力下，很多家庭经济困难学生成了"双困生"乃至"多困生"。从当前高校的勤工助学方式来，大多是"劳务型"的，这类岗位工资较低，很难满足家庭经济困难学生的现实需要，并且对那些学习成绩好的学生来说，从事这类勤工助学工作就是一种人才浪费。

（3）勤工助学活动体制不健全，缺乏必要的组织管理。在部分大学中，虽然有设立勤工助学指导委员会，但这些组织还并未真正地面向社会，在组织学生开展勤工助学方面并未发挥多大的作用。也正是由于缺乏组织与企业等单位之间的联系，用工信息的传输不畅，最终使得大学生难以找到勤工助学的岗位和获得合理的报酬。而这也是造成大学生不愿参加勤工助学的重要原因。同时，由于勤工助学必然需要花费一定的时间，因此，学校还需建立一系列相应的学习机制，让学生能够在兼顾勤工助学工作的同时完成学业。此外，又由于现行的管理制度对学生参加勤工助学工作有一些限制，从而使得学生难以实现学习和勤工助学的两不误。

4. 困难补助受助面窄，力度不够，发放不规范

对个别特困生来说，发放困难补助的作用非常的大，但其在发放过程需要依据学生家庭经济状况而定。从当前的现状来看，高校对学生的家庭经济状况了解不够，因此，在学生申请的过程中难免会失察，使得获得困难补助的学生不一定是真正的家庭经济困难学生，而真正的家庭经济困难学生又得不到资助。部分学生在获得困难补助之后不是将其用于该用的地方，而是用来吃喝玩乐，在他们眼中，困难补助只是意外之财，领悟不到困难补助的真正意义，使得困难补助的发放也失去了原本的意义。同时，由于一次性发放困难补助大多针对的是临时遇到特殊困难的家庭经济困难学生。因此，它对家庭经济困难学生来说只是临时的收入，也无法从根本上解决家庭经济困难学生的问题。此外，这种赠与式的资助容易助长某些家庭经济困难学生的依赖心理及懒惰心理，对培养学生自立自强、艰苦奋斗的精神不利。在减免学费方面，各高校都有严格的控制，只能顾及到极少数家庭经济困难学生，很难从大范围上解决家庭经济困难学生的问题。因此，无论是困难补助还是减免学费，都难以从根本上解决人数众多的家庭经济困难学生的问题。

（三）缺乏相配套的高等教育助困助人的法律环境和人文环境

1. 资助制度不健全，相关配套机制不完善

在目前的资助体系中，并没有统一的制度来规范各项资助政策的实施，各高校实行过程中都有一套自己的规章制度。并且政府在某些时候也会出台一些助学措施，从而使得高校在助学工作中难以有序、有针对性地进行，不能进行统筹安排。例如，资助条件不统一、资助范围不统一、资助比例不统一、资助标准不统一等。总而言之，资助制度的不统一，不但会对助学的直接经济效益产生影响，还会对社会公平公正意识的形成产生不利影响。

2. 社会、人文环境不理想，不良道德倾向助长了资助问题的升温

首先，部分学生滥用国家助学贷款，还款违约现象严重。相

对于社会贷款来说，国家助学贷款非常的优惠、简便，部分学生在"不贷白不贷"的思想的影响下，盲目的贷款。有的学生在毕业后就失联了，有的则是到期后还没有还款的能力，有的甚至忘记了要偿还贷款这件事。

其次，社会、学校对家庭经济困难学生的看法存在问题，影响校园和社会和谐。一方面，由于当前资助体系的不健全使得对困难学生的认定存在漏洞，一些家庭经济并不困难的学生趁机浑水摸鱼，影响资助的正常运行，同时也使学校、社会对家庭经济困难学生群体产生看法。另一方面，受"穷人孩子早当家"的影响，教育者对家庭经济困难学生缺乏思想教育引导，从而使得部分学生迷失自我，不思进取，进而成为压在学校胸口的大石，最终影响校园和谐。

三、高校助困育人体系存在问题的原因分析

（一）对贫困大学生的认识较肤浅

在对贫困大学生的认识上，不少教育者和有关教育部门都过于简单，缺乏深刻的认识，从而使得在贫困大学生的教育中缺乏针对性。首先，对"家庭经济困难学生"概念分析不透彻。从传统观念来看，家庭经济困难学生主要是指家庭经济条件困难，无力支付学费和日常生活费用的学生。在这一概念的引导下，贫困大学生教育工作就很自然地将重心放在了解决贫困大学生的经济问题上，这样虽然能够帮助贫困大学生解决一时的困难，但并不能真正实现教育育人的目的。从马克思的基本教育观来看，"家庭经济困难学生"所涉及的问题并不仅仅是经济问题，其还包括思想问题、心理问题、能力问题等。因此，在理解"家庭经济困难学生"的概念时，除了要从经济角度之外，还要从思想、心理、能力等方面进行综合分析。为此，在对贫困大学生教育方面，对其思想教育、心理帮扶和能力提升方面仍然是工作的重点，只有这样，才能真正解决贫困大学生的问题。其次，对"家庭经济困难学生"认识不深入。当前，教育工作者

对贫困大学生的认识都仅停留于表面，没有对贫困大学生进行分层分类。由于每个贫困大学生的贫困原因和贫困程度都不一样，因而他们所表现出来的思想状况也必然存在差异。也正是由于教育者未对贫困大学生进行科学系统的分析，掌握他们的层次性和差异性，进而使得他们对教育的对象认识不清。同时，教育者对贫困大学生需求的多样化缺乏认识。伴随着社会的发展，贫困大学生对自身认识也发生了变化，他们对与他人的差距的认识不再单一地表现在经济方面，开始意识到资源获取、综合素质的提高方面。因此，他们需要的不再是"授之以鱼"，而是"授之以渔"。但对教育者来说，他们还并未认识到学生的这一变化，因而难以对学生进行全面关注。最后，教育者对贫困大学生的思想呈现复杂化的趋势缺乏认识。在传统观念的影响下，教育者也往往认为"穷人的孩子早当家"，认为贫困大学生必然是吃苦耐劳、勤俭节约的。诚然，部分贫困大学生也确实是这样的，但随着经济资助地深入展开，贫困大学的思想问题也逐渐暴露出来，有的贫困大学生过于自卑、敏感，在他们看来，获得经济资助是一种耻辱，心理负担太重；有的则是惯于接受国家的资助，依赖心理严重，缺乏自立自强意识；有的受惯了这种无偿的资助，丧失了回报和感恩之心，甚至认为这种资助是应该的。正是由于这种对学生思想状况缺乏调查和分析，从而使得思想政治教育工作缺乏应有的针对性。

（二）对贫困大学生教育的实践探索不够

早在 20 世纪 90 年代，贫困大学生问题就已然出现，但在贫困大学生教育的探索上并不深入。相较于国外，我国的贫困大学生教育还处于初级阶段，在教育实践上缺乏探索，缺乏经验，特别是在形成教育合力、建立有效的教育机制和掌握科学的教育方法方面表现得更为明显。

（三）对贫困大学生教育的理论研究滞后

贫困大学生问题研究主要表现在资助问题研究和教育问题研

究两个方面。并且对资助问题的研究比对教育问题的研究更为丰富、更为深刻，也更具指导性。在贫困大学生教育问题的研究方面，虽然也取得了一定的理论成果，但从总体上来看还是比较滞后，所存在的问题也很多。其主要表现在以下三个方面：

（1）只关注贫困大学生的思想状况、心理问题研究。的确，对贫困大学生的思想状况和心理问题研究是十分必要的，但如果只对这两方面进行关注，则显得有所片面。这是因为，贫困大学生的问题并不只表现在思想和心理上，其还表现在能力和发展问题上。因此，我们还应当对贫困大学生的能力问题和发展问题引起足够的重视。同时，由于贫困大学生教育是一个系统工程，因此，我们除了要对贫困大学生本身进行研究之外，还应对教育内容、教育载体以及教育环境等各方面进行研究。

（2）消极性。虽然我们在对贫困大学的问题进行了很多、深入地分析，但在对贫困大学生教育的原则、方法、途径、政策、措施等方面则分析过少。特别是在可操作层面上，仍然是以传统思维为主，缺乏建设性意见，最终使得教育的实效性不强。也就是说，虽然我们已经把贫困大学生的问题找出来了，但缺乏解决的力度，进而造成了一定的消极性。

（3）脱节性。在对贫困大学生教育问题的研究中，部分学者和学生工作者出现了两极分化。一方面是纯粹地理论探讨，与实际的教育工作相隔太远；另一方面是一种工作总结，以经验为指导，缺乏理论提升。这两种极端都会导致贫困大学生教育的理论与实践相脱节，理论研究不指导实践工作，丧失了其存在的意义；而实践工作没有理论的总结提升，无法得到进一步的完善。也正是由于这些问题的存在，从而使得贫困大学生教育缺乏强有力的理论支撑和科学的理论指导，进而使得教育管理部门难以制定合理的教育政策、教育制度，社会难以给予经济资助以外的支持和帮助，并且教育工作者也难以进行深入地研究和探索，最终使得贫困大学生教育不能从整体上得到加强和推进。

第二节　国外高校助困育人体系建设

一、国外高校助困育人的理念

（一）慈善救人

自近代大学生产生以来，西方教会就对其产生着影响。其在慈善救人理念的指导下，对高校学生进行资助。在最初阶段，教会向高校学生提供经济资助非常的普遍，同时这也是教会向学生宣扬教义的重要手段，向学生施以压力，为教会培养后备力量。

（二）人生而平等

"人生而平等"的理念出自《独立宣言》杰弗逊的阐说："人生而平等，具有天赋的'自然贵族'不仅出生在富裕家庭，而且也会出生在贫寒之家。他们是社会的财富。在贫寒家庭无力供养他们上大学时，政府和社会就应该出资教育他们，把他们培养成人民福祉的捍卫者。这样做，对国家和人民来说是非常值得的。[①]

后来，经过慢慢的演变，"人生而平等"逐渐演化为"教育机会均等"的思想，《国际公约》要求高等教育应该根据能力，采用适当的方法，特别是通过积极推进免费制度，使人人都有平等的接受教育的机会。[②]

（三）为了国家利益

苏联则是"为了国家利益"的典型代表，在 1918 年苏联颁布的《高等学校入学条例》中，苏联为了"国家利益"提出了要无条件招收无产阶级与贫苦农民出生的人，普遍发给他们助学金，

[①]　张民选.理想与抉择；大学生资助政策国际比较 [M].北京：人民教育出版，社，1998.
[②]　同上.

并在全国范围内普遍实施了助学金制度。

（四）人力资源投资

"人力资源投资"最早是由经济学家舒尔茨、贝克提出来的，这一理论认为教育投入是以相对人力资源的投资，其比其他投资更具价值和回报，它除了会产生经济效益之外，还会带来社会效益。因此，国家应当将对大学生的资助作为一种投资。

（五）扩大自由选择

在 20 世纪 70 年代，全球范围内普遍出现经济危机，而"扩大自由选择"理念也正是在这个时候开始盛行起来。世界各国纷纷对自己的大学生资助政策进行了改革，取消了申请国家担保贷学金家庭经济情况限制，提高了申请基本教育机会助学金的上限。[①]

（六）成本分担

"成本分担"理论是美国纽约大学校长约翰斯通提出来的。在他看来，高等教育成本是由教学成本、学生生活成本、学生因上学而放弃的工作收入（机会成本）三个部分组成的。其中高等教育成本应该由受益的四方即政府、学生及家长、高校、社会人士来分担。

二、国外高校常用的助困育人模式

（一）免费加助学金模式

在 20 世纪 60 年度，免费加助学金模式非常盛行，当时在世界范围内有 50 多个国家采用这种模式。其中英国和苏联的模式最具典型。英国的助学金制度始于《1902 年教育法》。《1944 年教育法》开始强调免费加助学金政策在大学生资助事业中的主导作用；1960 年的《安德逊报告》标志着英国模式成为资本主义世界

---

① 高雪梅. 高等教育学生资助理念与发展探微 [J]. 长春工业大学学报（高教研究版），2003（1）.

中最完善、也最慷慨的资助政策。

（二）多元资助模式

美国是实行多元资助模式的典型代表。通过吸纳各种资助理念，美国在大学生资助方式上也呈现出了多元化的倾向。首先，美国所有的大学都实行收费制，并且其学费还保持着逐渐增长的趋势。因此，对出身于普通家庭的美国学生来说，试图通过自费或半工半读支付学费是比较困难的。因此，许多大学生都需要在其他资助下才能完成学业。在美国的高等教育资助体系中，可以通过很多种渠道来获取资金，如联邦政府、州政府、高校、企业、慈善团体和个人等，表现出一个全方位、多元化的资助模式。

1. 奖学金、助学金

奖学金形式多样，最高可达 5 000 美元；助学金则包括"佩尔助学金"和"教育机会补充助学金"，是针对低收入家庭学生而设立的，可以惠及大范围的家庭经济困难学生。

2. 助学贷款

通过政府的引导和干预，联合高校、银行等社会组织向学生提供各种形式的助学贷款，如"斯坦福贷款""帕金斯贷款""学生家长贷款""联邦直接学生贷款"等。部分学校自身也会向学生提供短期贷款。

3. 工读付酬

"工读计划"是为需要经济资助的大学生提供校园和社会的公共服务机会。1993 年，美国总统克林顿提出了"全国服务信托计划"，也就是国家在社区教育、保健、环境保护、公共安全四个领域，专门为学生设立每年工作 1 700 个小时的岗位，只要达到了这个标准，学生可以得到该基金支付的报酬，这些岗位主要是为家庭经济困难学生设立的，对于特别困难的学生，最多还可申请两个这样的岗位。

4. 社会资助

企业、各种社会团体、私人对大学生的资助等都属于社会资助。虽然这些资助只占大学资助的一部分，但其也同样发挥着十分重要的作用。社会资助通常是企业、社会团体或个人以捐赠的形式将奖助金交给高校或某种特定的基金会，再由他们发放给学生。

（三）收费加贷学金模式

日本是实行收费加贷学金模式的唯一发达国家。早在东京帝国大学成立之初，就宣布以贷学金作为资助本校学生的主要方法。1942 年，日本文部省提出了《育英团创设纲要》，设立贷放性奖学金，由政府对其承担担保人的法律责任并支付利息。1984 年，日本育英会修订了《日本育英会法》和《实施条例》，将贷学金划归为不计利息的贷学金和计利息的贷学金两种，前者的发放对象主要是出身贫寒、经济困难、最需要资助的学生，后者的发放对象是有其他需要的学生。这一改革使得贷学金的管理更加简便，也为 20 世纪 70 年代以来的世界性改革树立了典型。

三、国外高校助困育人的特点

（一）有一定的理念作为指导

不管是有一种资助理念占据主流，还是多种资助理念同等并存，西方国家在制定资助政策和落实资助形式中都有自己的明确的资助理念。

（二）根据各自的国情和实际情况设置自己的资助模式

在大学生资助政策和措施相对比较完善的西方国家中，其都是根据自身的国情和实际情况来设置自己的资助模式，如社会、市场运作、文化背景等实际情况。此外，这些西方国家的共同点还表现在多渠道吸纳资助资金方面。

（三）政策及相关法律、制度的体系化、规范化

在大学生资助政策和措施相对比较完善的西方国家中，它们都会通过制定相关的配套政策法规来指导各种大学生资助措施实施，健全的法律体系是它们维护资助措施得以正常实施重要砝码。

四、借鉴国外助困育人工作

（一）学习借鉴国外助困育人工作的先进经验

学习借鉴国外助困育人工作的先进经验主要是学习国外助困育人工作中"以人为本"的工作理念和专业化的工作方法。

作为一种价值观，以人为本的根本就是重视人的发展，要以人为基础，以人为前提，以人为动力，以人为目的。在高校的学生工作中，"以人为本"就是"以学生为本"，也就是说，要将学生作为高校学生工作的主体，一切为了学生、为了学生的一切，高度重视学生综合素质的发展。

社会工作是从西方慈善事业中发展而来的，其是一种"助人自助"的专业工作，也就是通过动员各种有用的社会资源，来帮助和解决社会成员所遇到的各种困难和问题，促使社会弱势群体或病态个体得到积极发展。诸如新教伦理、人道主义、社会福利观念等思想都会对社会工作产生很大的影响，推动社会工作发展成一种专业化、制度化的助人利他活动。由此可知，在社会工作的发展中，"以人为本"理念一直是专业社会工作的核心价值。作为一门社会科学，社会工作以利他主义为指导，以助人为宗旨，以科学的知识为基础，运用科学的方法和手段进行助人服务。其目的就在于协助学生与学校、家庭、社区、社会之间建立良好的互动关系，为其现在和未来的生活做准备，最终实现助人自助的目的。

（二）从实际出发，挖掘符合我国国情的资助理念

挖掘符合国情的资助理念对资助政策的选择和促进高等教育的发展具有十分重要的作用。资助理念是社会发展到一定时期的产物，其是不同历史时期社会和个人对高等教育的需求的反映。在过去，西方国家的理念在多方面对我们的资助理念产生了极大的影响，致使我们实际的工作中时常会忽视实际情况，忽视学生乃至国家的真正需要，最终使得我们在助学观念上也发生偏移，

各高校在落实助学措施上也出现观念混杂、目标不一、效果参差的状况。因此，从实际出发，挖掘符合我国国情的资助理念具有十分重要的意义。从我国当前的经济困难学生的现状来看，高校最主要的就是要树立"助人自助"的资助理念。

在传统社会救助观念的影响下，现行高校助学体系基本以他助为主。从他助的方式来看，社会、学校可采取奖、补、免等多种资助方式。除了资源有限之外，在资助过程中还存在许多经济以外的问题。譬如说，学生对接受资助存在自卑的想法，时常会介意自己的身份。同时，其他人也会对接受资助的学生产生不同的看法。例如，有些接受资助的学生在使用手机、电脑等价格不菲的电子产品时，会遭受他人异样的眼光。如果接受资助的学生在学习上落后于他人，则更会受到指责。对接受资助的学生来说，其精神上的贫穷可能比物质上的匮乏更加严重，而这也正是我国高校家庭经济困难学生表现出的一个突出问题。因此，"助人资助"的理念必须与当前的形式相适应。

（三）构建多层次的经济助学体系，充分发挥政府宏观调控职能，培育经济助学社会保障体系，明确学校责任，完善经济助学工作的实践体系

当前，在"助人自助"的理念下，我们必须对现行的制度进行创新，探索一个全新的符合我们当前实际的资助体系。这一资助体系应从全方位、立体化、多层次地对家庭经济困难学生进行资助。因此，我们首先要构建一个多层次的经济助学体系，也就是采取外界资助与学生本人奋斗相结合的资助体系，助而不包，引导、鼓励学生走自助的道路，真正由"授人以鱼"转变为"授人以渔"。同时，要建立和完善社会保障体系，对各助学政策实施的主体明确责任，将经济资助真正落到实处。

（四）努力打造新形势下更高层次助困育人机制，营造健康积极和谐的社会人文环境

现阶段，我国的法律金融体制还并不完善，在人文环境方面也存在诸多的问题。因此，构建高校家庭经济困难学生更高层次的助困育人机制势在必行。这也就要求高校在落实经济资助的同时要高度重视育人。将促进家庭经济困难学生的全面发展作为助困育人工作的核心，同时，还用主要对青年学生自立自强精神和良好的金融和信念意识的培养。

第三节　构建高校"三位一体"助困育人体系

一、新形势下构建新的助困育人体系的意义

（一）构建新的助困育人体系是落实科学发展观、实施科教兴国战略的重要举措

大学生是国家的栋梁，民族的希望，是社会关注的重点对象。作为高等教育的一份子，家庭经济困难学生通过高等教育不但可以获得知识、开阔视野，亦能够使自身素质获得全面提升，最终摆脱贫穷的命运。但高校高额的学费和不菲的生活开销使得其难以承受，进而不但对家庭经济困难学生自身及其家庭带来影响，还会影响到我国高等教育的整体质量和国民素质的提高，最终影响到我国社会的稳定和健康发展。

因此，如何能够让家庭经济困难学生顺利地完成大学学业，是我国高等教育要解决的头等大事。事实上，通过帮扶一个家庭经济困难学生顺利地完成学业、健康成才，往往能够带动一个家庭、家族，甚至一个村庄和社区的发展，其产生的经济效益和社会效应是难以估量的。重视和解决家庭经济困难学生问题不但可以保障其健康发展，而且还对其所在贫困地区的发展产生着重要影响。因此，无论是从家庭经济困难学生的本身发展来看还是以国家的未来发展来看，重视和解决家庭经济困难学生问题都具有十分重

要的意义。

（二）完善高校助困育人体系，有助于大学生思想政治工作的更好开展

通过全新的高校助困育人体系，不但可以解决高校家庭经济困难学生在物质上的困难和需求，还有利于高校思想政治教育工作的顺利开展，最终使得家庭经济困难学生在物质上和精神上都能够走出困境。

通过有针对性地对高校家庭经济困难学生开展思想政治教育工作，能够有效地引导和帮助家庭经济困难学生正确认识和对待问题，更好地应用各种助学政策，使得助学体系的功效充分发挥出来。但是，体系的成熟与完善并不是一朝一夕的事情，需要一个较长的过程。由于当前的高校助学体系还处在形成时期，又加之制度的不完善，从而使得其很难充分发挥救助功能。并且，作为大学生思想政治教育工作的一个重要内容，其不但未发挥出教育导向作用，而且还存在一定的负面效应。因此，对高校助学体系进行反思与完善，对高校家庭经济困难学生的思想政治教育工作进行探讨都有着十分重要的意义。

二、构建高校助困育人体系的指导理念

（一）以人为本

作为一种价值观，以人为本的根本就是重视人的发展，要以人为基础，以人为前提，以人为动力，以人为目的。在高校的学生工作中，"以人为本"就是"以学生为本"，也就是说，要将学生作为高校学生工作的主体，一切为了学生、为了学生的一切，高度重视学生综合素质的发展。而在构建高校助困育人体系问题上我们也同样要坚持"以人为本"的理念，以学生的成长成为目的，切实落实各种资助政策，让家庭经济困难学生真正感受到国家、社会、学校的关心和帮助，并树立起自立自强的信念，与其他学生一起快乐、健康地成长。

（二）助育结合

当前，高校对家庭经济困难学生的资助主要表现在经济资助上，从而使得资助工作中的教育缺失现象十分严重。众所周知，高校要培养的是综合素质高、能够为社会主义事业的发展贡献力量的人才，而不是习惯于享受、依赖性强的学生。因此，在高校助学工作中，我们必须强化教育理念，树立经济资助与教育相结合的理念。

首先，高校资助工作并不是单一的经济工作。高校教育的目的在于使学生获得全面发展，促使全民素质的提高。因此，高校助学工作的"助"并不是简单的"资助"，可以解释为"帮助"。也就是说，高校助学工作是通过"资助"来"帮助"学生成才。而不是以"资助"为目标，以发钱多少作为衡量高校助学工作成效的标准，而是要看其在高校培养人才中所作的贡献。

其次，在高校助学的实践工作中还存在诸多的问题，例如，有的学生为了得到高额的助学金和贫困资助，不惜弄虚作假、伪造证明材料；有的学生在获得资助之后，将钱花在不该花的地方，肆意享受；也有的学生因为未获得资助，愤愤不平，甚至无休止的纠缠。在助学贷款方面，虽然国家花费了极大的财力和物力，但仍然有部分学生宁要无偿资助，也不要助学贷款。虽然这种冷落助学贷款的现象只存在少数学生中，但这也反映出资助工作教育引导的缺失，这不但会给高校经济资助带来不利的影响，还会影响到家庭经济困难学生的健康成长。为此，我们必须将经济资助与教育结合起来，找到一条行之有效的教育方法和途径，从根本上解决经济困难问题和育人问题。

（三）助人自助

"助人自助"既是社会工作的重要理念，也是社会工作的基本信条。也就是说，在帮助他人走出困难的同时，增强其面对和解决问题的能力。在高校助困育人体系的构建中贯彻"助人自助"的理念具有十分重要的意义。事实证明，帮助家庭经济困难学生树立自立自强意识，并能够自我解困、自我成长是当前高校资助工作的重要课题。

从字面上来看，我们可以将"助人自助"理解为助人和自助两个意思，也可把它当成一个概念。从整体的角度来看，"助人自助"既体现了人与人、人与社会的相互依存关系，也反映了人类和谐发展的基础，并且这两者之间的关系是辨证统一的。"助人"可以包括任何有助于社会、有助于他人的行为。"助人自助"和"授人以渔"是殊途同归，但"助人自助"所讲求的是平等和尊重。因此，在高校教育中，"助人自助"有着更高更深的精神内涵。

在"助人自助"理念的引导下，我们应在充分尊重学生的基础上寻找到更加合理科学的指导办法。帮助可引导学生转变观念，学会接纳自我，学会接受城乡有差别、贫富有差异这个现实，能接受别人的帮助，自觉减轻心理压力，能够真正面对现实，树立自强、自立、自尊、自重的精神，顺利完成学业。

三、"资困""励志""强能"三者的关系

（一）以"资困"为基础

高校家庭经济困难学生在经济方面存在着不同程度的困难，为了完成学业、保障生活，他们疲于奔波。甚至他们的家庭也为此摊上沉重的负担，使本就清苦的生活变得更加艰难。

因此，对家庭经济困难学生来说，经济问题是一切问题的根源。为此，采取一系列措施来对家庭经济困难学生进行资助，是新形势下搭建助困育人体系的最基本的环节，也是整个助困育人体系的基础。

（二）以"励志"为主线

迫于经济的压力，高校家庭经济困难学生比其他学生要承受更多的心理负担和精神负担。他们在很多问题上也表现出不同于其他学生的表象特征，因而必须及时地对他们进行引导和教育，否则会带来更多的负面问题。例如，家庭经济困难学生普遍存在

自立自强意识淡薄，缺乏责任意识，缺乏感恩意识，自卑、封闭等心理问题，马加爵事件的发生也从反面告诉我们要对高校家庭经济困难学生的精神、思想、心理问题引起重视。

当前，在对高校家庭经济困难学生心理和精神层面，高校也投入了更多的关注，但我们还必须从更深层次对其进行挖掘，而"励志"就是从根源上寻求目前高校家庭经济困难学生思想教育问题。因此，我们应当始终将"励志"作为一条主线贯穿在整个助困育人体系中。

（三）以"强能"为重点

在部分家庭经济困难学生看来，贫困更能激起学习的动力，诸如这类有"自尊、自信、自立、自强"精神的学生在高校家庭经济困难学生中仍然占多数。面对困难时，他们能够端正自己的思想和态度，吃苦耐劳，勤俭朴素，努力而优秀地完成学业。但对他们而言，也有诸多问题困扰着他们，例如，更大的学习压力、为保证生活要花费更多的时间和精力等。同时由于家庭经济困难学生大多来自偏远的农村地区，他们学习基础薄弱、知识面窄，在接受新事物方面较慢、综合素质和能力欠缺等，而这些又会对他们的求职就业产生一定的影响。目前，综合素质与能力的缺乏已成为制约家庭经济困难学生成才和发展的瓶颈。

由此可知，加强对高校家庭经济困难学生的能力素质培养，给他们创造有利的学业进步空间和良好氛围是当前助困育人体系的重点所在，如图 3-1 所示。

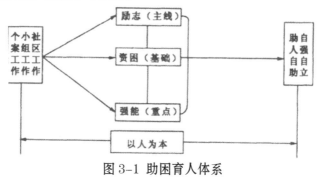

图 3-1 助困育人体系

四、新的助困育人体系的特点和优势

（一）突破了以往大学生资助中单纯经济资助的窠臼，强调"助人自助"，使经济困难学生真正摆脱经济、精神等多重困境

资助理念是高校助困助学体系的核心部分。在当前的众多资助方式中，虽然也有多种资助理念的支撑，但从整体上来看，我国还缺乏系统的具有引领性的资助理念。因此，在大学生资助过程中，就很难从多个角度和层面来满足家庭经济困难学生的需求。从家庭经济困难学生的现状来看，他们的问题除了表现在经济方面之外，其他方面的问题也日益凸显，成为大学生资助过程中不可忽视的因素。而"资困、励志、强能"三位一体的助困育人体系正是突破了单纯经济资助的窠臼，在"助人自助"的理念指导下，使家庭经济困难学生真正摆脱经济、精神等多重困境的最佳选择。

（二）从我国国情出发，强调系统化、规范化，构建较完善的助困育人体系

在构建高等教育助困育人体系的过程中，我们必须从我国的基本国情出发，强调系统化、规范化，只有这样才能找到真正符合实际的解决问题的方法途径。"资困、励志、强能"三位一体助困育人体系正是在切实把握我国家庭经济困难学生现状和当前资助体系现状的基础上，对家庭经济困难学生所存在的问题进行细致、深入地分析，进而得出的结论。

五、"资困、励志、强能"三位一体的高校助困育人体系的构建策略

（一）多渠道吸纳资金

在助困育人体系中，经济资助无疑是一个重要的环节，同时也是首先要解决的问题。因此，在整个助困育人体系中必须要有充足的资金来源。为此，我们应当建立以政府为主导，以银行和

学校为主体，以社会资助为补充的助困助学管理体制，从多个渠道来吸纳助学资金，使助困育人工作落到实处。

1. 国家出台政策，增加对高等教育的投入

在资助家庭经济困难学生政策体系中，国家助学贷款居于主体地位。为此，国家应当对助学贷款作进一步的改革，使整个贷款过程更加高效、快捷，并建立和完善助学贷款的还款约束机制。此外，国家还应当教育经费的投入，进一步扩大资助范围。同时，对管理办法进行修订和完善，提高国家奖助学金的发放成效。

2. 充分调动社会和个人的力量

帮助家庭经济困难学生是一个庞大而系统的工程，其需要整个社会的协助。因此，应当充分调动社会各界的力量，来对家庭经济困难学生施以援手。为此，国家和政府可以积极倡导社会募捐，学校可以主动联系企业在高校设立各种形式的奖学金和助学基金，以此来促进国家助学政策的实施。

（二）多层次分析问题

在面对高校家庭经济困难学生的问题时，我们只有对其进行正确地看待和分析，才能有针对性的制定和实行科学合理的助困育人策略，进而从根本上解决问题。

高校家庭经济困难学生所遇到的问题多种多样，例如，经济问题、学习问题、心理问题、人际关系问题、就业问题等。由此可知，相较于普通人，他们的除了要解决生存问题之外，还要解决自身的发展需求问题。因此，对家庭经济困难学生的资助理念也应涵盖这些需求，充分发挥其育人功能。

（三）多元化帮扶、教育，加强家庭经济困难学生的思想政治教育

1. 加强家庭经济困难学生的思想政治教育

在自身对贫困的错误认识和社会不良风气的影响下，家庭经济困难学生很容易形成消极的人生观和错误的价值观，存在着"等、靠、要"的懒惰思想和"只求给予，不懂回报"的功利思想，为

此必须从思想政治教育方面对家庭经济困难学生加以引导和教育，防止他们成为"精神上的贫困者"。

2. 加强家庭经济困难学生的心理健康教育

学校应当在向大学生宣传和普及心理健康知识的同时，为学生搭建锻炼心理素质、提高心理承受能力的平台，全方位、多角度地加强和改进家庭经济困难学生的心理健康教育，引导和教育他们正确认识和对待贫困，把握好贫困与成长成才的辩证关系。

第四章 高校家庭经济困难学生助困政策实施研究

　　家庭经济困难学生是高校中的一个特殊群体，伴随着国家相关政策的完善，越来越多的家庭经济困难学生享受到了国家、社会、学校的帮扶助困资助。但我们也同样应该认识到，在具体的帮扶助困政策的实施过程中仍然存在着诸多的问题，而这些问题的存在又会对实际的帮扶助困效果产生较大的影响。本章主要对当前高校家庭经济困难学生的助困实施政策展开分析和研究，并就此提出相关的解决对策。

第一节　高校家庭经济困难学生助困政策实施现状

一、教育救助政策的基本情况

　　当前，我国高校对家庭经济困难学生的救助政策主要有国家奖学金、国家励志奖学金、国家助学金、国家助学贷款、校内补助和绿色通道等形式。

　　（1）国家奖学金

　　国家奖学金的发放对象为特别优秀的全日制普通高校本专科（含高职、第二学士学位）在校生，发放数量为每年 50 000 名，每人每年 8 000 元。

（2）国家励志奖学金

国家励志奖学金的发放对象为品学兼优、家庭经济困难的全日制普通高校本专科（含高职、第二学士学位）在校生。发放数量为全国全日制普通高校本专科（含高职、第二学士学位）在校学生总数的 3%，每人每年 5 000 元。在同一个学年内，同一个学生只能获得国家励志奖学金和国家奖学金其中的一项。

（3）国家助学金

国家助学金的发放对象为家庭经济困难的全日制普通高校本专科（含高职、第二学士学位）学生，发放数量为全国全日制普通高校本专科（含高职、第二学士学位）在校学生总数的 20%，平均资助标准为每人每年 3 000 元，可分设 2 ~ 3 档。

（4）国家助学贷款

国家助学贷款是在政府主导下，金融机构向高校家庭经济困难学生提供的不需要担保或抵押的信用助学贷款，旨在帮助家庭经济困难学生解决在校期间的学费和住宿费用。原则上，每个学年的贷款额度最高为 8 000 元，贷款期限最长为 20 年。国家助学贷款在利率上按照中国人民银行同期公布的同档次基准利率执行，不上浮。学生在校期间，其贷款利息由财政贴息，在毕业后，其贷款利息则由学生本人支付，并根据合同约定按期偿还借贷本金。在申请国家助学贷款时，学生可以通过校园地国家助学贷款和生源地信用助学贷款两种模式进行。其中，通过校园地国家助学贷款即通过就读学校向经办银行申请贷款，而生源地信用助学贷款则是通过户籍所在县（市、区）的学生资助管理机构提出贷款申请。据相关统计，2007 年全国发放助学贷款金额为 79.07 亿元，2016 年发放金额为 263.21 亿元，增长了 2.33 倍，年均增幅 14.3%。[①]

（5）勤工助学

学校通过在校内设置勤工助学岗位或向学生提供校外勤工助学机会来帮助学生缓解经济困难。勤工助学岗位通常优先考虑家

---

① 中国学生资助十年发展报告（2007-2016 年）[J]. 教育财会研究，2017（10）(10).

庭经济困难学生。在原则上，学生每周参加勤工俭学时间不得超过 8 小时，每月不得超过 40 小时，在劳动报酬方面，不得低于当地政府或有关部门制定的最低工资标准或居民最低生活保障标准。

（6）校内资助

校内资助是指学校利用从事业收入中提取的资助资金以及社会团体、企事业单位和个人捐助资金等，设立校内奖学金、助学金、困难补助、伙食补贴、校内无息借款、减免学费等资助形式。

（7）绿色通道

对于那些被录取的，无法缴纳学费的家庭经济困难学生，全日制普通高校建立"绿色通道"，先给其办理入学手续，然后再根据学生实际情况，分别采取不同办法对其进行资助。

二、家庭经济困难学生的基本情况

教育资助政策在保障家庭经济困难学生入读高校发挥巨大的作用，同时也为扩大高等教育规模提供了有力的支撑。在 2006 年，我国普通高校本专科在校生数量为 1 738.84 万人，到 2016 年时，这一数字已变为 2 695.84 万人，高等教育毛入学率从 2006 年 22%增加到 2016 年 42.7%。①2007 年 5 月，我国出台了《关于建立健全普通本科高校高等职业学校和中等职业学校家庭经济困难学生资助政策体系的意见》，这一意见的颁发，使我国家庭经济困难学生的的资助范围得到了进一步扩大，救助的额度也有了显著的提升。2010 年 7 月，《国家中长期改革和发展规划纲要（2010–2020年）》出台，至此，我国我国高校家庭经济困难学生教育救助政策得到了进一步的完善。在 2006 年至 2016 年的十年间，我国全国普通高校救助学生人数达 38 996.55 万人次，救助金额达 5 508.44亿元。② 国家救助力度的加大，为解决家庭经济困难学生的教育问题发挥了重要的积极作用，极大地推进了"让家庭经济困难学生

---

① 中国学生资助十年发展报告（2007–2016 年）[J]. 教育财会研究，2017（10）(10).
② 中国学生资助十年发展报告（2007–2016 年）[J]. 教育财会研究，2017（10）(10).

都有学上"的基本目标的实现。通过高校的救助工作,可以有效地解决家庭经济困难学生的经济问题,帮助他们完成学业,促进教育公平和社会和谐。

伴随着我国经济的快速发展,人们的生活水平得到了显著的提高,社会的贫困情况也发生了一定的变化。在通常情况下,贫困家庭的判定标准为孤儿、烈士子女、优抚家庭子女等无直接经济来源,仅靠政府救济、家庭成员主要劳动力长期患病或者残疾的、基本丧失劳动能力、身体残疾或重大疾病的学生、家庭发生重大事件造成经济特别困难、家在灾区,因灾害导致无父母或者无收入。在高校中,家庭经济困难学生的家庭状况一般具有以下几个方面的特点:

(1)家庭所在地偏远;

(2)父母离异;

(3)父母因患病失去劳动能力。

通常而言,无论是在农村还是在城市,如果家庭成员没有劳动能力,那么其家庭经济大多贫困。我国的贫困资助政策惠及整个在校学习的各个阶段、各个年龄层次的学生,多数家庭经济贫困学生也一直从中受益。

三、政策实施情况

在对政策的了解和掌握上,家庭经济困难学生与非家庭经济困难学生也存在一定的差别。学生上大学的学费和生活费大多是由父母承担的,而部分家庭经济困难学生则只能通过助学贷款来实现大学梦,在入学后,希望通过获取奖助学金来补充生活费。教育救助政策分为无偿救助和有偿救助两种,对于这两种救助方式,学生所表现出来的态度也不一样。

(一)受助学生的评定

1.奖学金的评选

奖学金的评定需要通过评审委员会评选,评审委员会的成员由老师和同学构成,主要从德育、思想、生活、成绩、志愿服务等方面对提出申请的学生进行评定。奖学金评选所依据的并不是学生的贫困程度，而是依据学生的综合素质。奖学金的作用除了对家庭经济困难学生的救助之外，其更多的是对所有学生的一种激励。励志奖学金和国家奖学金的评选是对家庭经济困难学生的救助，其评选的对象为录入贫困数据库中获得二等学业奖学金以上的家庭经济困难学生。

2. 助学金的评选

据相关调查发现，贫困生名额的多少与国家每年政策下发的制度有关。国家根据每校每年多少基数发放，并且每一年的制度政策都不一样。由此就导致某一年下发基数很大，覆盖率高，而某一年的下发的基数很小，覆盖率较低。因此，为了确定哪些家庭经济困难生更需要资助，就必然要对家庭经济困难学生进行选拔。

家庭经济困难学生要想参与选拔，其首先就要提出申请，再由学校进行审核，在审核通过后，录入贫困生数据库。家庭经济困难学生在提出申请之前，应当获得户籍所在地的民政部门出示的贫困条件证明。贫困证明是指民政部门对其家庭情况进行界定的材料，在取得民政部门对其的界定材料之后，其才有资格进入贫困生档案库，之后在提供证明贫困的材料。调查发现，高校对家庭经济困难学生的评选主要依据贫困证明、全班公选和辅导员决定，其统计结果如表4-1所示。

表4-1 哈尔滨三所高校学生认为家庭经济困难学生如何评选统计表

评选方式	哈尔滨A大学		哈尔滨B大学		哈尔滨C大学	
	人数	百分比（%）	人数	百分比（%）	人数	百分比（%）
全班公选	14	16	20	22	15	17
辅导员及学生会决定	14	16	17	19	8	9
贫困证明	52	57	44	49	56	62
不清楚	10	11	9	10	11	12
总计	90	100	90	100	90	100

从表 4-1 中可知，贫困证明是家庭经济困难学生评选的主要依据，并且每年的家庭经济困难学生的评选方式都不一样。通过调查了解到，三年前是依据演讲"比困"来确定家庭经济困难学生的贫困等级。但在政策实施调整后，让家庭经济困难学生当众诉苦，互比贫困的方式已被禁止。

此外，在对家庭经济困难学生的基本审核方面，贫困证明仍是最基本的材料，只有在进入贫困生数据库后才有资格进行贫困生的评选。由于数据库中的信息和数据始终都处在变化之中，因此，在具体的评选过程中，应当依据学生各方面表现和家里经济条件的变化情况适当地对学生的贫困状况进行调整。

在助学金方面，其是国家对家庭经济困难学生的一种无偿补助，助学金的评选将家庭经济困难学生分为特困、困难和一般困难三个等级。在特困等级的评选上，必须满足以下三个基本条件：

（1）是孤儿，有孤儿证；

（2）有地方建档立卡证明；

（3）是低保户家庭，有低保卡。

只有满足这三种情况的家庭经济困难学生才能有资格被评为特困。而对于困难和一般困难，国家政策文件中并没有明确的界定，为此需要成立班委会小组来确定被评定的等级，对此主要有班级演讲评选或者提供贫困证明材料等方式，评选票数由高到低分等级。但对于两个同是困难水平的同学，如果有一个同学能提供残疾证、医药证等更为丰富真实的材料，那么其在评选等级上就更具倾向性。

由于国家政策明确规定不允许学生在评选过程中当众诉苦，互相比困。因此，当前评审的主要依据就是学生提供的证明材料，之后再由班级同学进行民主投票，班级评议，最后确定贫困生。在评选政策的实施过程中，无论是班级评选、学院评选还是学校评审，都非常严谨。

（二）救助资金的作用

1. 助学金救助情况

助学金的发放对象是录入贫困数据库的贫困学生。在不同的年份，国家对学校下发的救助基数也不同，如果在一年中，救助基数没有覆盖到录入贫困数据库的贫困学生的全体，那么就会有一部分家庭经济困难学生得不到救助。在看待救助上，不同的学生，其感受也不相同，如表 4-2、4-3 所示。

表 4-2 哈尔滨三所高校学生对得到救助后的感受统计表

选项	哈尔滨 A 大学		哈尔滨 B 大学		哈尔滨 C 大学	
	人数	百分比（%）	人数	百分比（%）	人数	百分比（%）
救助资金很充足	15	43	18	40	13	26
救助类型多样	12	34	14	31	11	22
救助程序繁琐	8	23	8	18	16	32
救助资金作用不大	0	0	5	11	10	20
总计	35	100	45	100	50	100

表 4-3 哈尔滨三所高校学生没得到救助的原因统计表

选项	哈尔滨 A 大学		哈尔滨 B 大学		哈尔滨 C 大学	
	人数	百分比（%）	人数	百分比（%）	人数	百分比（%）
救助对象比例有限	9	16	10	22	10	25
救助的评选不合理	9	16	7	16	8	20
学业水平不达标	7	13	5	11	2	5
不贫困	30	55	23	51	20	50
总计	55	100	45	100	40	100

从表 4-2 和表 4-3 中所列数据可知，得到救助的学生与未得到救助的学生对助学金的看法完全不同，在得到救助的学生眼中，救助资金充足、救助类型多样。而没得到救助的学生则认为救助对象比例有限、救助的评选不合理。

此外，对不同的家庭经济困难学生，救助资金的作用也相差较大。对特困生来说，救助资金能发挥的作用非常大，而对一般贫困的学生来讲，其作用则要小得多。

2. 贷学金救助情况

贷学金主要分为生源地贷学金和校园地贷学金两种。对于贷学金，不同的家庭经济困难学生对其的态度也不同。有的贫困生认为贷学金申请程序复杂，作用不是很大，而有的学生则认为通过申请贷学金可以有效地缓解自己和家庭的经济压力，对完成大学学业也有很大的帮助。贫困生对待贷学金的态度不同。

四、受到资助后学生情况

（一）家庭经济困难学生在校情况

1. 贫困生的学习社交等情况

上海师范大学张民选教授指出："贫困生问题不仅是一个单纯的经济问题，而是一个综合性问题，如果不能得到及时的帮助，可能会对贫困生的价值观、心理素质、生活信念、综合素质等方面产生深远影响。"[①] 在教育救助政策实施后，很多家庭经济困难学生获得了物质资助和精神资助，为他们顺利完成大学学业提供了保障。多数家庭经济困难学生把得到的资助用于学费和生活费，部分家庭经济困难学生试图通过自身的努力学习来获得奖学金，并以此来偿还贷款。救助资金的发放缓解了家庭经济困难学生的经济压力，免除了他们的后顾之忧，使他们能够安心地学习，顺利完成学业。

2. 对家庭经济困难学生的看法

由于居民的真实收入很难得到确切的衡量，因而仅从外在表现来看是很难对某个家庭的经济状况进行准确的判断。例如，少数家庭经济困难学生有使用高档电子产品、高档服装、化妆品，假期出去游玩等高消费行为，诸如这些行为在很多学生的眼中是不满的，那么这一点又是否应成为衡量学生是否贫困的标准呢？

---

① 张民选. 理想与抉择：大学生资助政策的国际比较 [M]. 北京：人民教育出版，1998.

如表 4-4 所示，是对哈尔滨三所高校大学生就贫困生是否应该拥有高档物品的调查统计表。

表 4-4 哈尔滨三所高校大学生对受救助学生拥有高档奢侈品看法统计表

	哈尔滨 A 大学		哈尔滨 B 大学		哈尔滨 C 大学	
选项	人数	百分比（%）	人数	百分比（%）	人数	百分比（%）
贫困生也有权利拥有	27	30	25	28	9	10
无所谓，他有钱就可以买	16	18	9	10	18	20
与贫困生不相称，怀疑他贫困的真实性	15	17	18	20	23	26
其他原因	32	35	38	42	40	44
总计	90	100	90	100	90	100

从表 4-4 中可以看出，学生对家庭经济困难学生拥有高档奢侈品的看法多种多样。因此，高校在进行家庭经济困难学生评选时，应当从多方面对"家庭经济困难学生"进行调查，确保救助资金能充分发挥其作用。

3. 学校的其他救助

除了教育救助政策之外，高校对家庭经济困难学生还有特殊困难补助、临时困难补助、爱心棉服、爱心车票、爱心包裹资助方式。对高校学生来讲，他们除了学校有经济资助之外，还能提供其他方面的资助，如表 4-5 所示。

表 4-5 学生期待的其他类型的救助统计表

	哈尔滨 A 大学		哈尔滨 B 大学		哈尔滨 C 大学	
选项	人数	百分比（%）	人数	百分比（%）	人数	百分比（%）
学业方面	40	44	38	42	28	31
自信心提升	54	60	68	76	70	78

续 表

哈尔滨 A 大学			哈尔滨 B 大学		哈尔滨 C 大学	
选项	人数	百分比（%）	人数	百分比（%）	人数	百分比（%）
人际交往能力	63	70	58	64	57	63
组织协调能力	32	36	24	27	30	33
心理辅导	24	27	36	40	41	46
教师的关心	22	24	30	33	33	37
得到同学的尊重	27	30	28	31	36	40
就业辅导	40	44	32	36	30	33
总计	90	100	90	100	90	100

从表 4-5 中可以看出，家庭经济困难学生除了需要得到经济资助之外，其还希望得到学业、自信心提升、人际交往、就业等方面的帮助，而这些方面也正是学校教育育人的职责所在。同时，学校要加强对资助政策的宣传，让家庭经济困难学生能够及时的收到和了解资助信息。

（二）不同高校间的差异

国家教育救助政策是面向所有高校实施的，奖、助、贷等资助形式给家庭经济困难学生提供了较大的经济资助，提高了他们对教育过程的支付能力。但在社会救助方面，不同的学校之间也存在较大的差异，例如，学校的知名度高，声誉好，那么其救助资金就相对更足。

保障教育公平是教育政策的基本职能，教育公平包括教育权利平等与教育机会均等两方面，教育机会均等主要是改变处于社会不利地位的社会阶层教育状况。[1] 高等教育机会的均等就是指

---

[1] 刘复兴.我国教育政策的公平性与公平机制 [M].北京：高等教育出版社，2006.

所有社会个体在争取接受高等教育的外部条件上是同等的，不能因为个人的某些外在条件原因而失去接受高等教育的机会。[①]2007年，温家宝总理在政府工作报告说，为了促进教育发展和教育公平，将在普通本科学校、高等职业学校和中等职业学校建立健全国家奖学金、助学金制度。教育救助实现了学前教育到研究生教育的全覆盖，确保"不让一个学生因为家庭经济困难而失学"。习近平总书记在党的十九大报告中指出：努力让每个孩子都享有公平而有质量的教育，显示出缩小教育差距，从以前"有学上"到现在"上好学"。

总而言之，家庭经济困难学生问题是高校的一项重要工作。通过高校一系列措施的实施，教育救助政策得到了顺利地贯彻与实施。伴随着时间的推移，教育救助政策也在逐渐完善，在帮助家庭经济困难学生完成学业方面发挥了重要作用。

第二节 高校家庭经济困难学生助困政策实施存在的问题

国家制定和出台了一系列教育救助政策，在政策目标上实现了"应助尽助"，保障每个家庭经济困难学生都能顺利入学，逐步形成以国家财政投入为主，高校和社会作为补充的救助格局。毋庸置疑，教育救助政策的实施在解决家庭经济困难学生求学方面取得了较大的成效，但其在具体的实施过程中仍然存在诸多方面的不足。

一、教育救助政策实施过程中存在的问题

高校在实施教育救助政策过程中存在的问题主要表现在以下几个方面：

---

① 严伟萍. 高等教育公平与高等教育制度革新浅谈 [J]. 太原教育学院学报，2005（6）.

（1）认定源头存在不真实性；

（2）评选与发放过程中的主观因素以及外部环境的影响；

（3）学生获得救助的后期情况。

这三个方面的问题对教育救助政策的实施效果产生了较大的影响。

（一）政策实施中相关工作人员主观性干扰

1. 地方政府认定不规范

在高校中，参与评选助学金、贷学金、国家励志奖学金的基本条件是具有乡镇或街道以上政府部门出具的证明材料，并需加盖其民政部门的公章，以及相应的贫困的证件，如贫困证、残疾证、建档立卡证、孤儿证等，[①] 但事实上，在出具贫困证明材料时，各地并没有统一的标准，学生向学校所提供的家庭贫困证明也往往不能准确反映其家庭经济情况，在这方面，地方政府的把关对高校家庭经济困难学生的评选具有直接的影响。

在有些地方，由于对贫困证明材料的要求并没有严格的要求，从而使得学生很容易办到所需要的贫困证明。据了解，很多学生都想拿到家庭经济困难证明材料，想得到救助资金。但在有些地方，对贫困证明材料的要求很严，甚至要求必须有低保证才能盖章。因此，在贫困证明材料方面，地方所提供的可信度不高，从而使得高校对家庭经济困难学生的评选难度增加。

地方政府所开具的贫困证明证明学生家里是一般贫困，而诸如低保证、孤儿证、建档立卡、残疾证等证件则是证明其家庭困难程度的依据。因此，发放这些证件的对应部门在发放证件时一定要核实情况的真实性。据了解，有些地方因为很穷，根本开不出贫困证明，而地方政府不去帮忙开具证明。

2. 助学金实施中工作人员态度和偿还问题

国家助学贷款具有很强的政策性，助学贷款的实施就是为了保障不同阶层的学生都能接受教育。助学贷款是由商业银行进行

---

① 教育部、财政部关于认真做好高等学校家庭经济困难学生认定工作的指导意见（教财 [2007]8 号）。

具体操作的，而商业银行的目的就是追求自身的既得利益，但就助学贷款来看，其具有笔数多、额度小的特点，从而给银行带来了较大的工作任务，但所得的收益又小。当出现有家庭经济困难学生拒绝还贷或还贷不及时时，还会给银行带来一定程度的亏损，也正是由于这些问题的存在，从而使得银行在发放助学贷款方面表现得并不积极，在具体操作过程中存在工作人员态度不佳等现象。

助学贷款在校期间并不用学生支付利息，在毕业后，会有几年只还利息不还本金。因此，银行本金的回收较慢，所得的收益也比较少。在家庭经济困难学生初入大学校园时，银行工作人员所表达的这些信息会给他们的自尊心造成较大的打击，虽然也发生过大学生诈骗等不诚信的情况，但诸如这些情况毕竟是少数，而银行工作人员只要正常地将相关信息传递和解释给家庭经济困难学生，将不诚信贷款的利害关系讲述清楚，使同学们对诚信贷款引起高度的重视，自觉树立诚信还款意识。

在申请生源地和校园地贷学金时，家庭经济困难学生也必须提交贫困证明材料。但在不同的地方，助学贷款所需要提交的资料也不相同，只要学生能够提供足够的贫困证明资料，就可以申请助学贷款。在生源地贷款中，学生要申请贷款除了会受到地方政府的相关调查之外，还要其父母陪同，并作出保证。在还款时，不同的地方政府其要求也不相同。家庭经济困难学生通常是贷取学费和住宿费，有的还能剩余一些当作生活费。在校园地申请贷款时，不但学校会对所提交的资料进行严格的审核，而且银行也会进行非常严格的审核，校园地贷款要求必须是家庭经济困难同学申请。但由于贷款的还款周期比较长，因而会让学生产生懈怠心理，进而使得毕业后的还款出现各种各样的问题。

通过调查得知，即便现在银行在贷款方面的机制在不断的完善，而假如学生在银行贷款出现诚信缺失会对他们以后的贷款等带来负面影响，但由于当前不按时还款并不会让他们受到实质性的影响，从而使得他们并不会对此引起高度的重视。在日本、法国等国家中，它们有关诚信缺失的机制非常的严格，例如，在乘坐公交车时，如果有逃票的行为，那么他们的信誉就会受到影响。因此，它们的大学生对自己的信誉非常的看重，在对待偿还贷款方面，绝大多数学生都会根据约定按时还款。因此，这些国家的学校贷款很少会出现拖欠还款的现象。此外，这与我们的消费理念也有一定的关系，国外是超前消费理念，而国内是保守消费理念，并且在信用体系的建设方面，国外的信用体系要更为完善一些。在互联网网络发达的今天，各大银行都实现了全国联网。从短期来看，不按约定还款并不会给他们带来惩罚，他们所表现出来的态度也是无所谓，但随着相关机制的健全，他们的这种不按时还款或不诚信还款一定会受到相应惩罚。

3. 勤工助学岗位与报酬问题

在助困体系中，勤工助学是家庭经济困难学生很乐意接受的帮扶助困方式，学生可以通过自己的努力获得报酬。但是，伴随着高校的扩招，家庭经济困难学生的数量也在不断增多，而各高校在勤工助学中所能提供的岗位是有限的，从而出现部分家庭经济困难学生无法获得勤工助学岗位的情况。在通常情况下，学工处是安排勤工助学岗位的主导者，所能提供的岗位也没什么技术含量，所支付的工资也比较低。据了解，绝大部分家庭经济困难学生都希望通过勤工助学方式来缓解经济困难，但由于多方面因素的影响，最终得到勤工助学岗位的家庭经济困难学生只是少数。由于高校对勤工助学工作并没有进行集中管理，也没有设立专门的部门来对勤工助学岗位进行管理，从而使得勤工助学工作难以很好地完成。在所提供的勤工助学岗位中，绝大多数都是简单的体力劳动，对知识和专业性方面并没有要求。因此，这类勤工助学岗位并不具有多大的实践性，对学生毕业后找工作并没有多大的帮助，并且工作报酬低。由于这些简单的体力劳动工作岗位缺乏与学生的专业和特长的结合，从而使得家庭经济困难学生对勤工助学并没有表现出多大的积极性。

在对家庭经济困难学生的助困帮扶工作中，校内勤工助学有着十分重要的地位，但由于能提供的岗位有限，因此只能解决一部分家庭经济困难学生的勤工助学问题。勤工助学活动由学校统一进行组织和管理，在劳动报酬方面，学生所得到的报酬不低于当地政府或有关部门制定的最低工资标准或居民最低生活保障标准，因而是正常合理的。

在校外勤工助学方面，社会所能提供的岗位也是有限的。在校外勤工助学岗位中，绝大多数岗位都是临时的，如促销、发传单、电话员、市场调研、小时工、家教等。诸如这些岗位都将大学生看作廉价的劳动力。此外，还有专门为大学生提供兼职的中介，这些中介通过为大学生安排勤工助学岗位，从中牟取利益，有些不法分子利用家庭经济困难学生急于寻求就业岗位和对社会认识不深的心理，来欺骗学生。

（二）学校在评选与发放过程中公平性问题

1. 家庭经济困难学生的评选

在实施助困政策的过程中，对家庭经济困难学生进行评选认定是第一步。在各高校中，虽然对家庭经济困难学生的评选并没有统一的标准，但也存在一定的共性。尽管部分高校对家庭经济困难学生的认定有明确的标准，但由于每个地区间的经济发展和消费水平都不相同，并且在对收入申报、统计制度及家庭经济情况的评估上也不一样。因此，在具体的评选认定过程中会遇到多种问题，存在的困难较大。在大学生看来，对家庭经济困难学生的评选存在以下几个方面的问题，如表4-6所示。

表4-6 哈尔滨三所高校学生认为救助中存在问题情况统计表

选项	哈尔滨 A 大学		哈尔滨 B 大学		哈尔滨 C 大学	
	人数	百分比（%）	人数	百分比（%）	人数	百分比（%）
贫困生证明手续繁琐	31	34	19	21	23	26
评定贫困生不合理	32	36	36	40	34	38
救助比例有限	27	30	32	36	32	35
还款期限短	0	0	3	3	1	1
总计	90	100	90	100	90	100

从表 4-6 中可以看出，在实施助困帮扶的具体过程中存在诸多的问题，如评定程序繁琐、评定不合理、比例有限等。为了更好地使家庭经济困难学生评选趋于公平，评选的方式和方法一直都在不断地完善。通过调查得知，在某一年度的家庭经济困难学生评选比较复杂，首先需要在网上进行申请，之后再将材料上传到网上，并且其对上传的材料有一定的格式要求，例如，上传的照片有明确的大小和规格限制。在将材料上传后，再由评审委员会对其进行审核，在审核过程中，会将参与评选的家庭经济困难学生的名字省略，只是将其家庭经济状况展示出来，最终由学生和评审委员会进行投票，选出最适合的助困帮扶对象。或者学院对相关的考核项进行量化，并制订相应的表格，先对提交申请的学生进行考察，核查其提交的相关证明资料，之后再进行名额分配。在考核表中，只将参与评审的学生的名字写出，后面的相关情况则由该学生认识的同学来填写，如其平时的消费什么样，有没有高消费，符不符合家庭经济困难条件等，之后在进行投票，投票后唱票，唱票后进行等级划分，在确定相应的等级之后，再通知对应的学生填写表格，填表后要审核修改，最后再签字上交，由此便造成了评选程序过于复杂。对于评选过程的复杂性，各高校中都普遍存在，在整个评选的过程中，学生和辅导员都要做大量的工作。从总体上来看，家庭经济困难学生的评选主要侧重于学校的自我认定和提交的书面材料的比较。

2. 不同政策文件的实施

在不同的政策文件中，其对家庭经济困难学生的界定也不同，而作为执行者，学校只是遵循文件的要求执行。如果政策文件并没有对救助的相关要求作出明确的规定，那么就可以根据民意测评来对参与评选的学生进行投票，或者是通过参与评选的学生的奉献精神来决定。在评选过程中，评选者和评选委员会都会对评选的结果产生影响，比如，演讲评选，其除了对学生的家庭经济状况有要求之外，还会受到学生的语言表达能力、演技、人缘等方面的影响。有的学生的家庭经济状况可能确实非常困难，但由于其语言表达能力欠佳，或是因为自尊等方面的原因而不想表达，在部分学生看来，诸如这类评选是一种有利可图的事情，因而在评选时会受很多主观因素影响。在部分学生看来，评选的弹性比较大，并且没有明确的评选标准，基本都是有评审委员们决定，因而他们觉得评选结果是教师私下决定的，认为这种评选有失公允。由于没有明确的评选标准，因此在评选过程中评审委员可以倾向于其中的一个或几个学生，可以将其评为贫困生。

对救助的要求进行明确的规定，例如，参与评选的学生必须在学习成绩上达到一定的水准。在高校中，通常会将学生的学习成绩作为衡量是否对其进行救助的标准，从而使得救助的对象偏向于学习成绩优秀的家庭经济困难学生，而对那些学习成绩不理想的家庭经济困难学生来说，则很难获得相关的救助。对经济困难等级有明确规定的有：家庭特困学生必须符合是低保家庭、有低保证，有建档立卡证，是孤儿、有孤儿证。但在具体的实施过程中，经常会遇到有的学生的家庭确实非常贫困，但由于其无法提供类似的这行相关证件，最终使得他们不能被评为特困家庭。

由此可知，在贫困生的具体评选过程中，评选的方式和要求过于条件化和死板化，未能充分考虑到学生的实际情况，脱离了具体问题具体分析的准则。

3. 评审者的主观因素

在学生提交贫困证明材料之后，学校就会成立审核委员会对其资格进行认定，评审委员会的成员则主要由学院书记、辅导员、班干部、同学组成。就辅导员来说，由于其主要工作是学生进行管理，其所了解最多的也就是学生会成员，因此其在学生救助工作上所花费的时间和精力都非常有限，对其他普通学生的了解较少，在对家庭经济困难学生的了解也大多来自班干部的反馈。因此，在对家庭经济困难学生的评选过程中，其公正性和客观性不强。据调查，在对家庭经济困难学生的评选中，辅导员要明显倾向于学生会成员。

在部分学生看来，助学金的评定和发放并没有严格按照政策条件和程序进行，有些学生并不完全是凭借学习成绩和家庭经济条件获得的，而是因为与辅导员的关系比较亲近才获得的。例如，某学生是学生会的成员，因此在评选过程中，辅导员会明显倾向于他。显然，这部分同学只是看到了评选的表面现象，却没有看到学生会成员为同学为老师做了很多工作，所以才会产生这样的想法。

在班级的家庭经济困难学生评选过程中，每个参加评议的同学在对贫困生的认识上都不一样。部分非家庭经济困难学生由于自身家庭经济状况较好，因而对贫困的概念并没有清楚的认识。同时，每个同学对参与评选的家庭经济困难学生的了解也不一样，如果只是凭借申请者递交的贫困证明资料来进行评选，而不对被评选者进行深入地了解，那么那些语言表达能力强、人际关系好的被评选者则更容易被选为贫困生，而那些平时语言表达能力差、自尊心较强、人际关系欠佳的被评选者则可能评选不上，因为同学觉得尊严比困难更重要。此外，班干部在对学生的家庭经济状况进行统计时，其往往也会带有一定的主观情感，最终也会影响到评选的公正性。

（三）学生求助时心态与受助后心理问题

1.伪贫困现象

由于各地方在证明贫困方面并没有统一的标准，因而学生所提供的贫困证明并不能确切地将其家庭经济的实际情况反映出来。在学生向当地民政部门申请开具贫困证明时，工作人员也只是对其进行初步的了解，进而开具相应的证明。在开具贫困证明方面，学生所在的当地政府都往往是支持的，因此在学生提出申请时，当地政府也大多不会对其进行严格的调查，有时候如果家庭经济较好的学生申请开具贫困证明时，往往也会给其开具。当前，伴随着我国经济的发展，贫困与非贫困的界线日益缩小，真正贫困的家庭也在逐渐减少。国家和社会对家庭经济困难学生的分为有偿救助和无偿救助，例如，奖学金是学生通过努力学习获得优秀成绩获得的，是无偿的；助学金是无偿的。而助学贷款则是学生在申请获得后是要偿还的，为有偿救助。部分学生为了获得贫困救助金，千方百计地提供各种虚假的证明材料。[①]部分学生在贫困救助的同时还不忘奢侈的消费，有的学生拿着昂贵的电子商品却领着贫困补助；有的学生家里经济条件极差，日子过得紧巴巴，但其自己却挥霍无度。因此，仅仅凭借学生所提供的一些证件、资料，很难对学生的实际家庭情况作出客观的评价。

2. 被评审者客观问题

据调查了解，个别学生不想通过自己的劳动来减轻家庭的负担，一味地想依靠国家、社会、学校的救助。甚至有的学生认为，国家有义务救助自己，过分的依赖无偿的奖学金。

有的学生在得知自己没有被评选上时，就会怨天尤人，而不是考虑自己没有评上的原因，对学校所颁布的各种文件也很少关注。也有部分学生安于现状，不思改变，懒惰等，对评选的结果也漠不关心，即便是获得了救助资金，也难以对其产生实质性的作用。在进入高校后，学习任务并不像高中阶段那么繁重，自己可支配的时间也相对要多得多，在这种情况下，部分学生不思进取，浑浑噩噩地度过每一天，不知道该做什么，如何去做，漫无目的，对自己的未来非常的迷茫，在整体上呈现出不积极的状态。

在贫困生的评选上，材料的申请居于主要地位。事实上，由于学生的贫困状况并不是一成不变的，如果其通过自身的努力使自己的经济情况获得了改善，或是其家庭经济条件获得了改善，并且其又没有及时地向学校上报自己当前的经济状况，那么他仍然会获得相关的救助。部分学生虽然家庭经济困难，但由于其各方面都表现得并不积极，学习成绩也非常一般，因而没有获得救助资金，但在相关的救助政策调整后，其由于符合贫困救助的条件，也会获得相应的救助，在这种情况下，就会使得其产生依赖救助的心理。

3. 感恩意识淡薄

在获得救助的家庭经济困难学生中，有的非常的感恩，也有的认为自己获得救助是理所应当的。诚然，学生的感恩意识除了

---

① 安达. 内蒙古地区高校贫困大学生救助政策的探析 [J]. 内蒙古财经大学学报，2014（12）.

与其家庭经济状况有关之外，更与学生的人格有着密切的关系。有的学生虽然家庭经济困难，或是家庭状况特殊，但是其本身却表现得非常的积极向上，为人也非常的友好、善良。而有的家庭经济困难学生却把自身的贫困归咎于国家、社会，缺乏对自身的认识。

我国的教育救助以无偿救助为主，并且以直接的经济救助为主要的救助方式。[①] 因此，长期以来，国家助学金以及社会组织的其他形式助学金都是直接地、无偿地对家庭经济困难学生进行救助，而接受救助的家庭经济困难学生不需要承担任何的责任，也不需要履行任何的义务。也正是由于这种救助方式对受救助者没有相关的限制和约束，使得有些家庭经济困难学生产生了消极态度，弱势群体意识逐渐增强，国家和社会的救助成了他们眼中理所当然的事情。

4. 心理健康问题

在性格上，相较于普通的高校学生，家庭经济困难学生很容易自卑、不自信和敏感多疑，不但会否定自己，还会否定他人。当然，也有部分家庭经济困难学生虽然经济条件差，但他们的思维非常的灵活，他们除了努力学习之外，还会想方设法地去创造财富。这类学生除了在思想上积极、乐观之外，其在行为上也非常的自觉，做事认真刻苦。也有部分学生认为，自己所处的境况都因为贫困造成的，面对自己的处境，他们不思进取，自暴自弃，性格越来越内向，越来越封闭自己，看不到自己的未来，对自己的人生较为悲观，不能正确地认识自己、认识贫困，缺乏独立的思想意识，思想松散，行为懒惰。有的学生则对自己的贫困状况表现出无所谓的态度，安于现状，不积极也不颓废。如表4-7所示，为对哈尔滨A大学100名学生不愿意进行人际交往的原因统计表。

---

① 陈蓉.浅析贫困大学生教育救助体系的弊端与对策[J].湖北教育学院学报，2006（3）.

表4-7 贫困大学不愿意进行人际交往的原因统计表

选项	人数	百分比（%）
自卑	38	42
不相信他人	20	22
羞怯	40	44
怕花钱	48	53
总计	90	100

表4-7反映了家庭经济困难学生由于家庭经济困难，在与他人的交往中表现出羞怯、自卑、不相信他人和怕花钱，害怕别人嘲笑的心理，不愿让他人知道自己的处境，也不愿与他人谈及与自己家庭相关的话题，而这些都在一定程度上制约了经济困难学生与其他同学之间的交往。诸如这种心理都与学生的原生家庭经济条件有着密切的关系，会对他们的世界观、人生观和价值观产生极大的影响。

（四）社会上新兴的信贷形式影响消费方式

对当前的年轻人来说，时常会听到微商一词，但他们对微商并没有真正的了解，在看到或听到有人通过微商能够轻而易举的获取很大的利润之后，并盲目的加入到这一队伍中。事实上微商也是一种销售模式，确实有人在微商这一行业获得了较大的成功，但毕竟只是少数，而失败者居多，而对大学上来说，参与校园微商应当谨慎，以防被骗。也有的学生通过微信朋友圈做起了代购或代理下线，虽然这种方式的起点比较低，也没有什么约束，但其会占用较多的学习时间，并且很容易落入传销的圈套。伴随着网络的发展和电子商务的兴起，各类购物软件铺天盖地，虽然这些购物软件也确实给人们带来了很大的便利，如京东、淘宝、支付宝等，但伴随着这些购物软件的更新和发展，一些新的功能也开始进入人们的日常生活中，如蚂蚁花呗、蚂蚁借呗、打白条等借贷功能，但诸如这些功能都与信用卡相似，而又与信用卡有一定的区别，是一种赊购服务，虽然这些借贷也有免息期，但如果没有按时还款，其也会处以罚息。很多高校学生为了满足当下的需要，不知不觉地深陷其中。因此，每个学生都应对自己的经济能力和消费能力有一个清楚的认识，在消费时要理性，避免超前消费。

有的商家为了获取更多的利润，也把目标瞄向了高校学生，他们不断地把极具诱惑力的广告打到了高校，如分期付款等。在这种消费方式下，即便是很昂贵的商品，每个月要还的钱也不多，并且从他们手中获得贷款的手续非常的简单，只有学生能够提供身份证和其学校信息，就能获得贷款。有些家庭经济困难学生由于经济方面的原因没有抵住商家的诱惑，又加之阅历不足，使自己深陷还款的漩涡中。因此，在购买商品时，应当从正规的商家和正规的渠道购买。

此外，小额贷款的广告在学校中也是铺天盖地，部分学生为了眼前的需要深陷校园贷款的漩涡中。网络贷款机构为了诱惑大学生贷款，纷纷打出了各种看似诱人的条件，在学生贷款以后，又以各种各样的方式来追回贷款，有的学生在一开始时虽然只借了很少的贷款，但因为未及时还款，欠款就像滚雪球一样越滚越多，最终使自己陷入极大的麻烦之中。在党的十九大召开之后，国家也明确发文要取缔校园贷款这个业务，严厉打击校园贷款，任何网络贷款机构都不允许向大学生发放贷款。此外，教育部还要求各高校要加强对学生的金融知识教育和不良校园贷的警示教育，提高学生的网贷安全意识，避免上当受骗。嘱咐学生在自身权益遭受损害时，要第一时间向家长和学校报告，必要时勇敢地向公安部门报警，要增强法律意识和风险防范意识。特别是对家庭经济困难学生来说，即便是自己遇到很大的经济困难，也不要轻易地向网络借贷平台借款，不要心存侥幸，同时自身也要养成理性消费，勤俭节约的良好生活习惯。

二、教育救助政策实施存在问题的原因分析

在教育救助政策的实施过程中之所以会出现上述的各类问题，

其除了国家在相关政策方面还不够完善之外，学校和学生所存在主观问题也是重要的原因所在。

（一）贷款还款时间延长，学生产生懈怠心理

部分大学生在大学毕业后选择了继续深造，或因身体方面的原因在家休养，诸如这类学生可以申请贴息，延长贷款的还款期限，如将原来的还款期限由十年延长到二十年等。虽然国家的这种延长还款期限的政策给学生带来的切实的实惠，也有力地推动了国家助学贷款工作的开展，但其在具体的实施过程中也出现了诸多的问题。当前，我国现有的个人信用体系还不够完善，相应惩罚机制也不健全，部分学生在毕业后未能顺利就业，或是就业后工作心态不稳，在还款方面表现得比较消极。特别是还款期限的延长，使得学生的还款心理更加懈怠，认为国家助学贷款是免费的贷款，不想偿还。也有部分学生在毕业后由于工作等方面的原因变更了联系方式和家庭住址，银行工作人员无法与其取得联系，最终处于失联状态，同时，高校的人事变动也会给银行联系往届的贷款学生带来影响，失去与部分学生的联系。此外，物价的上涨会使人民币出现贬值，几年前的贷款金额与几年后的还款金额会存在一定差值，并且伴随着时间的推移也会产生很多的变故。由于相应制约机制不健全，缺乏有效的跟踪体系和风险管控体系，使得贷款学生在出现违约时，难以有效的对其进行惩罚，而这些都会对商业银行收回本金带来很大的影响。因此，对于贷款学生来说，应当尽可能地按时还清助学贷款，这不但是一种责任，也是一种对国家救助感恩的表现。

（二）社会环境影响救助

当前，缺乏社会责任感的现象仍然存在，例如，做好事反被诬赖、扶老人被勒索等，这些事件的发生都充分反映了社会民众责任感的缺失。但话又说回来，诸如这类现象只是少数，社会主流价值观仍然是好的，如见义勇为、乐于助人等思想，学校和家长要以身作则进行弘扬。

在当今社会，诚信问题已成为一个突出的问题。在我国社会主义市场经济体制下，遵循的是优胜劣汰，公平竞争，在利益的驱动下，人们的工作积极性和创造性也得到了一定的增强。但是，部分商家过分地为了追求利益，破坏行为规范，如某网络平台卖假化妆品事件等。当然，感恩意识和诚信意识等普遍存在于人们心中，也有部分群体缺乏这些意识。因此，我们不能只单纯的认为只有家庭经济困难学生才缺乏感恩意识和诚信意识。

（三）高校注重资金发放，缺乏后期监督

1. 注重认定与资金发放

学校在贫困生的评选和资金发放上是根据国家下发的文件执行的。在对贫困生的评选过程中，所涉及的每项工作都非常的具体，但在对家庭经济困难学生的家庭状况的核查中又不可能做到面面俱到，并且每个家庭的经济状况也一直处在变化之中，因而很难完全把控。在救助资金的下发上，每个学校的下发情况基本相同。在家庭经济困难学生救助体系中，部分贫困生会由此产生依赖心理，过分地依靠这种直接的、无偿的经济救助方式，甚至认为国家、社会、学校的这种救助是应当的。在家庭经济困难学生的认定和评选上，绝大多数高校都有严格的标准，在评选结果出来后，再相应的发放救助资金。但是，在对贫困生的后续教育和引导方面，并没有做到位，在对贫困生的感恩教育与诚信教育等方面做的不够，而这些方面的缺失，又会对救助政策的实施效果带来较大的影响。因此，在救助政策的具体实施过程中，除了要注重显性的资金发放之外，还要对隐性教育引起高度的重视。

2. 缺乏后期监督

由于相关管理制度并不完善，使得在救助政策实施中后期缺乏有效地跟踪监督，对发放给学生的救助资金的用处去向不明，未能发挥救助资金的最大效用。虽然学校学生工作处或学院的人员都会对获得救助资金的一定比例的家庭经济困难学生进行随机调查，通过电话、家访等方式了解实际情况，但在实际操作中仍然存在诸多的缺失。

作为救助工作的重要一环，对获得救助资金的家庭经济困难学生的后期监督非常重要。通过后期监督，加强与贫困生之间的沟通与交流，了解他们的学习生活情况。作为高校主管救助的领导和上级部门，在规范后期监督方面更应当引起高度重视，只有落实好对获得救助资金的家庭经济困难学生的监督和管理，才能最大化的发挥救助工作的效用。

（四）学生不珍惜无偿救助资金

1.学生对救助资金不珍惜

由于救助资金是无偿的，受资助学生根本不需承担任何的责任，也不需履行任何的义务，同时也不会受到任何条条框框的约束。因此，在对家庭经济困难学生的认定与评选过程中，时常会存在伪贫困现象。同时，在这种直接的、无偿的经济救助下，受资助学生很容易养成不劳而获的习惯，过于依赖救助金，认为自己接受救助资金是理所应当的。因此，学校在对家庭经济困难学生进行无偿资助时，应当增加一些附加条件，对其进行适当的约束。

2.原生家庭引发学生性格问题

在教育中，学生的家庭教育会对其性格的形成产生潜移默化的影响，特别是他们的父母，父母的一言一行都会对他们的言行和人格的形成产生极大的影响。如果家庭本身是一个和谐、充满爱的家庭，那么学生身处其中就会逐渐成长为一个阳光，充满自信，努力上进，富有责任心的人。而如果家庭本身充满矛盾，缺乏爱或溺爱，那么在这种情况下，就会对学生形成正确的价值观、心态等产生影响。因此，作为教育的第一站，家长应当对学生加强各方面的教育，帮助子女形成正确的认知，端正自己的心态。在没有获得救助资金时，应当对自己未获得救助的原因进行反思，不要一味地怨天尤人。此外，对于国家的帮扶救助，作为家长，首先就应当知道感恩，再推及儿女，正确地对子女进行引导和教育。

第三节　高校家庭经济困难学生助困政策实施的对策

伴随着社会的发展，高校家庭经济困难学生的帮扶救助工作也出现了一些新的问题。从本质上来看，帮扶救助首先要解决的就是家庭经济困难学生的上学问题，其次就是要汇集社会各界的力量来使家庭经济困难学生获得更高水平的教育。以下主要从政府、高校、学生三个方面提出优化教育救助政策实施的对策和建议。

一、政府重视救助工作

首先国家要对高校救助工作引起高度的重视，不断完善教育救助政策的实施。从国家层面来讲，完善救助制度建设，就要对政府相关部门工作人员加强监督，不断完善社会信用体系建设，使政策实施同时，应当加强相关方面的宣传，广泛地吸纳社会各界的支持，尽可能地扩大救助的主体。此外，政府部门应当与学校加强相关方面的沟通与交流，齐心合力做好教育帮扶救助工作。

（一）地方政府认定标准严格

地方政府在家庭经济困难学生的认定和评选中起着十分重要的作用。在具体的认定过程中，地方政府首先就要制定明确的规定，对学生的实际情况进行严格把关，要对提出申请的学生的家庭情况进行详细的了解，并根据当地的经济发展状况，为学生开具相应的贫困证明。对于家庭经济情况特别贫困的学生，应为其提供情况证明，在其进入高校后，可以直接被评选为贫困生。由于伪贫困现象的存在，使得高校家庭经济困难学生的评选变得更加困难，在这种情况下，地方政府认定的材料准确性和真实性对高校的帮扶救助工作至关重要。因此，地方政府的认定工作责任十分重大，工作人员应当具有高度的责任意识，认真积极地对待工作中的每一个环节，正确地对学生的家庭经济情况作出判断。此外，对地方政府对家庭经济困难学生的帮扶救助工作进行监管，并建立工作失误惩罚机制，对工作中出现的违规现象，要依法给予相应处分。

（二）政府加大精准救助力度

1. 在政策上精准救助、标准严格

制定严格的救助政策，对贫困生的基本条件进行明确的规定，同时制定明确的执行标准，对具体的操作步骤进行细化，尽可能地减少各种人为因素的影响，不断地强化对政策实施的管理。教育救助政策的实施体现了学生拥有平等受教育的权利。党的十九大工作报告将教育提升为"中华民族伟大复兴的基础工程"，将"发展教育脱贫一批"作为脱贫攻坚"五个一批"之一，要求在国家的教育救助政策实施中，提高救助水平，为更多的贫困生提供救助，让更多贫困生家庭走上脱贫的道路。此外，在扩大对贫困生的救助范围时，立足特困大学生，实施精准帮扶，加大精准救助的额度，保障建档立卡和低保户家庭经济困难同学受到救助，降低贫困生的辍学几率。

2. 重视高校数据化设施建设

在对高校教育的投入中，要加大对相关设备的投入，建立动态数据化管理系统，提高救助工作效率。动态数据管理系统是将学生的个人信息、受助情况、管理制度等通过网络来完成，通过对数据的动态管理，统计分析，促进学生工作的公平、公正、公开化。通过利用动态数据管理系统，可以实现对贫困大学生精准扶贫定位。当前，北京、成都等地的五所科技大学已经建立大数据库，例如，中国科技大学，用数据来呈现，以学生"在校一卡通"绑定，一卡通涉及食堂消费、超市消费、出入图书馆等相关数据，以数据方式记录月消费数量和次数、出入的轨迹等，这样运用大数据库操作，非常科学准确。根据大数据的呈现和各地指导标准，根据学生在校的消费记录，反映家庭经济情况，并结合学校所在

城市物价水平、高校收费水平、学生家庭经济能力等因素，来确定家庭经济困难学生的认定标准和资助档次，实施差异化资助。这种评选更加科学准确，极大地减少了各种人为因素的干扰，也使高校中辅导员与学生的工作得到了简化，辅导员只需在核实情况后签字确认即可。

（三）完善诚信制度建设

在大学生毕业离校之后，学校便对他们没有了管理的义务。学生在毕业之后奔向四面八方，工作地点的流动性比较大，如果他们的助学贷款期限延长，那么他们所负担的成本也就越小，所获得的益处也最大，如果政府在相关的还款机制方面不完善，又加之学生本人也未引起高度的重视，即便他们拖欠贷款，也不会受到相应的惩罚，在这种情况下，给予贷款的银行将会面临承担较大的风险。因此，要在国家层面建立失信惩罚措施，建立和健全监督管理机制，使贷款银行能够顺利地收回贷款。由于我国人口基数大，在建设和完善信用体系是一个长期的过程。在互联网上建立一个透明的、完善的平台，对有在校助学贷款的学生分别建立一个个人信用体系，使他们能够充分地认识到在贷款过程中所应承担的责任和义务，并对他们的信用情况进行评估，以动态管理的方式了解和掌握学生的信用情况。

此外，各大银行之间通过相互之间的互联互通，并与社会保障机构进行信息沟通与交流，对那些有违约现象的学生进行记录，让他们能够充分意识到自己在助学贷款中所应承担的责任。同时，利用网络媒体等方式将他们的违约信息进行公布，不再向出现还贷违约的学生发放任何形式的贷款，对他们所申请的各类社会保障也依具体情况进行受理，以此督促他们诚信还款，保证国家助学贷款的正常运行和发展。

（四）政府部门与高校加强联系

1. 政府与高校相互沟通

国家是相关文件政策的制定者，而高校则是这些文件和政策的执行者，只有这两个主体之间能够互通，加强联系，才能使帮扶救助体系得到更好地运行和完善。

首先，政府部门与学校之间都要加强对教育救助政策的宣传力度，将高校的相关政策与录取通知书等一同发放，使学生能够在第一时间对高校政策有所了解。在学生进入高校之后，再对他们加强相关方面的宣传，让家庭经济困难学生和家长都能够对国家的救助措施、申请条件、途径及程序有一个较为明确的了解，只有让国家的教育救助政策贯彻到每一个家庭，才能实现帮扶救助工作的最大化。

其次，要加大对临时困难学生帮扶力度，例如，学生家庭突遇自然灾害或变故时，国家和学校要建立临时困难帮扶机制，及时地对学生的情况进行了解，并根据学生的具体情况对其发放临时困难救助资金，帮助学生渡过难关。

再次，高校要定期向上级部门报告救助工作，将期间的主要问题向政府相关部门汇报，让政府部门能够及时地对帮扶救助的相关实施情况进行了解，并对政策存在的相关问题进行反馈，以便对政策进行完善。通过定期的汇报，与政府各相关部门形成互动。政府对高校实施政策方式和效果进行评价，表彰那些在实施救助工作中表现优秀的高校，体现国家对他们的救助工作的认可。同时，政府和学校建立官方网站，开设微信公众账号，扩大对救助政策的宣传，各高校之间实现救助信息的互通和共享。

2. 合力弘扬社会正能量

从国家层面传递公平正义，宣传社会正能量，弘扬优秀的文化。

首先，通过新闻、广播、报纸等官方媒体和渠道加强对社会正能量的宣传，形成良性的社会价值观念。践行社会主义核心价值观，公民价值准则，弘扬优秀的传统文化和正确的主流文化，形成良好的社会文化氛围。

其次，充分利用网络进行宣传，将宣传信息以民众喜闻乐见的形式展现出来，全方位、多层次地向社会宣传。加强对网络信息的管理，对不良的网络信息进行屏蔽和删除，净化网络环境，并对网络中存在的各种不文明行为进行严厉打击，传播正面事件，营造良好的网络文化舆论环境。对于感恩，这一品质并不是与生俱来的，其需要教育的引导。在家庭中，父母应当从小就对其进行教育，在学校中，学校也需要培养他们的感恩意识。高校应当重视对学生的思想教育，定期在学生中开展感恩教育、诚信教育等思想政治工作。在日常的学生教育和管理过程中，辅导员和任课教师都要不断地渗透社会正能量，形成青年学生积极向上的风貌。此外，通过在校园网站中发布消息，在开学典礼、主题班会、海报、宣传栏等一切载体中传播正确的思想观念，开展活动，形成良好的校园文化氛围，让学生了解接受国家的救助，培养学生的感恩意识。

通过国家和学校的共同努力，向社会广泛地宣传和弘扬主流价值观，形成良好的社会风气，让学生树立正确的价值观，使全社会充满人文关怀。

二、高校实施注重成效

高校是国家教育救助政策的实施者，家庭经济困难学生则是政策的受益者，学校的硬件设施、教师工作态度等都会对高校救助的实施情况产生极大的影响。在整个帮扶救助过程中，任何一个环节都非常的复杂，如评选、发放资金、后期教育工作等。因此，注重帮扶救助工作的成效也是一个十分重要的方面。

（一）科学确定救助对象

在建立大数据库方面，高校应当加大投入，通过数据库的建设和完善，实现学生救助工作的数字化和信息化。用大数据来对家庭经济困难学生进行评选，尽可能将贫困的程度细化，加大对真正贫困的学生的救助力度。在高校学生工作中，辅导员应极具热情和责任，对家庭经济困难学生建立多指标的评判体系，加强与家庭经济困难学生的沟通与交流，在日常生活中对他们留心观察，深入了解学生家庭经济情况，为家庭经济困难、农村低保家庭、农村特困救助供养、孤残、烈士子女以及家庭遭遇自然灾害或突发事件等特殊情况的学生作为重点建档立卡，并对他们予以重点关注。充分发挥学生会、班干部的帮助引导和监督作用，在同等条件下，可以优先考虑学生干部，这是因为他们比普通学生要付出的更多。在具体的评选过程中，辅导员应避免学生之间出现因评选奖助学金而发生争论，影响同学间的情谊，如果没有被评选上，可以向辅导员提出申请，申请是正当的渠道和权利，了解自己未被评选上的原因，明确自己的不足，争取下次努力，积极参加社会实践活动或者投入学院辅助教管工作，提高申请时的表达能力等。个别家庭经济情况有所好转的，可以放弃申请助学资金，将机会留给更需要帮助的同学。

高校是实施救助的主体，在救助工作中要注重实际效应。严格做好对家庭经济困难学生的评选和认定，加强对他们日常生活的观察和了解。有的家庭经济困难学生没有被评选上，是因为他们的部分客观条件不符合标准，如学习不积极、学习成绩不达标等。如果其只是借助外部的力量来博取别人的同情等，那么评选这类学生则只会助长这种不良风气和思想。此外，还应加大对学生救助资金使用的监管，对那些获取救助资金后，不努力学习，奢侈消费，或伪贫困获取救助资金的，学校应当直接取消其受助资格。

（二）尊重学生隐私

在对家庭经济困难学生的认定和评选过程中，应当充分尊重他们的个人隐私。例如，不能让他们在评选过程中当众诉苦，与同学之间互相对比；在进行奖助学金名额认定时，应当省略身份证号、家庭住址等信息。公示贫困生评选的名单意在使帮扶救助工作公开透明，接受学校和学生的监督，但我们应当注意，不能将学生的个人敏感信息随之公示，也不能将学生本人及家庭的隐私透露出来。因为对受救助学生来讲，将他们的隐私公示出来，也会对他们带来一定的伤害，如果这样就违背了国家救助奉献爱心的初衷。此外，在宣传励志榜样时，不要片面地追求宣传的效果，而将典型学生的点点滴滴公示出来，这是因为这些做法都可能对他们的自尊心带来伤害。每一个受助者背后都有其特殊的原因，即便要公布相关的信息，也首先要征得他们本人的同意，使他们有尊严的接受救助，让家庭经济困难学生真正感受到国家和学校的关爱。

（三）重视后期教育

1. 重视精神救助

对于家庭经济困难学生而言，国家的经济救助是基础。高校在具体的实施过程中，除了要实施政策，发放救助资金之外，更要对学生的思想品格、心理健康、学习情况、在校生活的适应性等方面予以关心，将这些方面进行有效整合，加强对学生的引导教育，使物质脱贫和精神脱贫并重。

加强对学生的诚信教育，使学生形成良好的道德品格，督促学生积极偿还贷款，保障国家助学贷款政策顺利进行与实施。使家庭经济困难学生在接受救助的同时，承担了一系列舆论上的压力。对此，高校教师要帮助他们从心理上和思想上树立正确的认识，以免这些隐形压力对他们的正常发展产生不利影响。

首先，要在工作中关心家庭经济困难学生，主动了解和关心他们的学习和生活，加强与他们之间的沟通与交流，鼓励他们加入学院学生会组织，为学院和学生工作尽一份力，多与同学沟通交流，扩大他们的交友范围，提高与他人交往的能力，从与教师同学互动中获取成就感和自我价值感。

其次，设立心理咨询室，免费为同学提供咨询，特别是对那些在性格上有些偏执的学生，应对其予以适当的心理治疗。通过开设团体心理辅导课，使广大同学都参与进来，帮助贫困生调整心态，消除自卑心理，积极面对生活。使教育政策的实施真正落实到经济救助与人文关怀并重。

2. 重视校园文化建设

在对家庭经济困难学生的帮扶救助工作中，良好的校园文化氛围也起着非常重要的作用。因此，各高校应当充分发挥自身现有的资源，加大对校园文化建设的力度，通过举办各种社会实践活动，开展以励志、感恩、诚信、实践、创新创业等形式多样的主题活动等，营造一个良好的校园文化氛围。[①]鼓励学生参与各种社团活动，利用社团活动的引导作用，充分调动学生的主动性和创造性，树立自立自强进取的风貌，丰富课余生活，锻炼交往能力，为学生日后走向社会打下基础。学生可以根据自己的喜好兴趣参加不同类型的社团，同一个社团中的同学往往具有相同的兴趣，彼此之间能形成良好的人际关系，通过社团中同学之间的合作与互动，让贫困大学生感受到群体的支持，培养他们的团队合作精神，增进他们与同学之间的友谊，提高他们的社会实践能力，激发他们的创新精神和创新意识。

三、学生加强自助能力

当前，国家所出台的一系列帮扶救助政策都是为了通过高校这一平台来对家庭经济困难大学生提供资助，旨在帮助他们走出困境，让他们既学到知识，又树立正确的人生观、世界观。当然，国家对家庭经济困难学生的这种救助并不是施舍，也不是理所当然的，而是国家对家庭经济困难学生奉献的一种爱心。为此，学生应当珍惜这种来之不易的机会，最大限度地利用各种资源，获得自我发展和脱贫的能力。

（一）学生自身自立自强

面对贫困的事实，家庭经济困难学生应当勇敢积极地去面对，树立正确的世界观、人生观、价值观，借助帮扶救助，让自身各方面的能力获得不断的提升。同时，自身要自立、自强，不能过于依赖国家和社会的救助，要想方设法通过自己的努力来获得报酬，依靠自己的能力来摆脱贫困。在学校中，除了要努力学习本专业知识之外，还应当广泛地阅读其他方面的书籍，多与同学之间进行沟通和交流，建立良好的人际关系，并且积极地参加社会实践活动，如学校组织的假期助教或者家教等，在毕业后，努力工作，回报社会，形成良性循环。对于家庭经济困难学生来说，

① 毕艳玲.高等院校贫困大学生心理问题探析[J].河北北方学院学报，2007（23）.

要认识到自己享受的一切支持都来源于国家，在助学贷款方面，要遵守约定，按时还款，要诚实守信，懂得感恩，将来也有责任和义务帮扶助困的爱心传递下去，传递社会正能量，形成良性循环。

学生要努力提高对各类信息的辨识能力，全国学生资助管理中心提醒学生，在遇到经济方面的困难时，要及时找学校资助部门，不要冒然、盲目地通过网络借贷平台来获取金钱，要时刻保持高度的警惕，理性消费，努力养成勤俭节约的生活习惯。

（二）提高自身脱贫的能力

在校期间，要努力学习本专业的知识，掌握相关的专业技能，积极参加学校的各种实践活动，用理论指导实践，不断地提高自身的综合能力，适应社会经济发展对人才的需要，为日后走向社会奠定基础。

在高校中，诸如创新创业技能大赛等都是学生展现自身的良好平台，虽然大学生在相关的经验上并不充足，但如果能够在各学校参加竞赛中得到名次，获得高校和企业认可后，就可以得到相关的资助，帮助团队解决资金问题，例如，现在的"饿了么"就是参加学校创新技能大赛得奖后，获得启动资金开展的创业活动，是学生实现自主脱贫的创业模式。[①]

社会学家李未来指出："高校贫困生问题不仅仅是经济困难问题，而且是一个结构性问题，单纯从经济上帮助他们，无法解决这一问题，重要的是在于提高他们获取资源的能力和可能性。""授人以鱼，不如授人以渔"，让学生利用自身所学去探索脱贫的方法。

---

① 张原. 高校贫困大学生自主脱贫模式 [D]. 太原科技大学，2010.

第五章 高校助困育人精准化研究

伴随着我国高校教育制度的改革和我国社会的发展，高校学生人数在不断增加，高等教育的成本也在不断增大。家庭经济困难学生作为高校的一个特殊群体，其数量也在随之增多，而助困育人资源却是有限的。当前，虽然我国的高校助困育人政策在不断的完善，资助力度也在不断加大，但仍然很难做到对家庭经济困难学生的全面覆盖。为此，探索助困育人的精准化，提高助困育人的成效就显得极为必要。

第一节　高校助困育人的现状与分析

一、高校助困育人取得的成就

在教育方面，我国政府一直以来都十分重视。在新中国成立之后，国家对高校学生的资助就已然开始实施，助力高校学生能够顺利进入大学校园。伴随着我国社会和经济的发展，我国高校的助困体系也在不断的完善，特别是在我国实行改革开放之后，高校的助困育人工作更是得到了极大的发展，助困育人理念也逐渐深入人心。

（一）助困政策日趋完善

助困育人工作自古就有，士大夫捐资助学更是一个传统。在中华人民共和国成立之后，科教兴国战略提出，教育更是受到了亘古未有的重视。伴随着社会的进步，教育教学模式的进一步改革，我国高校的助困育人政策也在不断的完善。在建国之初，为了使教育能够从战乱中快速的恢复过来，我国实行的是免费和人民助学金政策，并且这一政策的实施一直推行到改革开放初期。在 1983 年至 1991 年期间，伴随着我国改革开放的实施，我国社会也发生了一定的变化。为此，为使教育资助工作的效率能够得到进一步的提高，我国开始用奖学金和贷款相结合的资助模式来代替以往的免费模式。1992 年，全国开始推行并轨招生，为了助力教育改革，同时保证家庭经济困难学生能够顺利进入大学深造，又对高校助困政策进行了大范围的调整，除了继续保留奖贷政策之外，还推出了减免学杂费、设立专项补助资金、提供勤工助学岗位、吸收社会资源助学等资助形式。迄今为止，已逐步形成了以奖学金、助学金、助学贷款等为主的多元化高校助困政策体系。

助困政策的实施极大程度地体现了教育的公平。家庭经济困难学生的教育问题历来是党和政府重点关注的问题，为了使教育更具公平性，各相关部门都接连出台了一系列的助困政策。高校学生助困政策是我国为了提升高等教育质量，保证高校学生顺利完成学业，由国务院有关部门制定出台的各项高等教育学生助困政策的总称。根据《国家学生资助政策体系简介（2015）》，可知本专科教育阶段的高校助困政策主要包括"国家奖学金、国家励志奖学金、国家助学金、国家助学贷款、基层就业学费补偿贷款代偿、师范生免费教育、退役士兵教育资助、新生入学资助项目、勤工助学、校内资助、绿色通道。"[①] 此外，社会团体及个人出资设立的高校奖学金和助学金也属于此列。研究生教育阶段的助困政策基本与本专科阶段的资助政策相同，只是奖助金额的额度有

---

① 国家学生资助政策体系简介 (2015) [EB/OL]. 教育部官 [2015–08–12].http://
www.moe.gov.cn/jyb_xwfb/gzdt_gzdt/s5987/201508/t20150812_199664.html. 网

一定的提高，另外还增设了三助岗位等勤工助学政策。为了更好地促进政策的贯彻落实，中央和地方政府、高校也建立了比较完备的保障机制。不但构建了从国家到学校的五级领导管理体系，用于统筹规划和部署落实助困政策，而且还针对各项助困政策制定了配套执行办法，例如，对助学金的认定标准、名额划分、评审公示、发放监督等都做了明确的规定。

（二）助困力度不断加大

从某种程度来说，教育公平所彰显的就是社会的公平，为了使每一个家庭经济困难学生都能获得平等的受教育权利，国家一直在不断地完善助困政策，对资助的力度也在不断地提高。特别是在施行精准扶贫的战略规划下，党中央对高校学生的助困育人工作更更为重视。为了提高助困育人的效果，我国政府对于高校学生的资助力度在不断加大。

首先，在对高校学生资助方面，党中央的重视程度在不断提高。例如，党的十八大报告中强调要提高家庭经济困难学生的资助水平来促进教育公平；"十三五"规划中强调要完善资助方式，以全面覆盖家庭经济困难学生，提高助困水平。

其次，国家对高校助困育人的作用越来越重视。为了助力国家的精准扶贫工作，教育战线率先实施教育扶贫战略。在助贫攻坚的战略大局中，高校助困育人作为领跑者，其承担着培育人才服务区域经济发展的大任，是社会扶贫建设的重要组成部分。为此，在教育部的领导下，制定了《关于实施教育扶贫工程意见》，该意见将提高学生资助水平列为教育扶贫的一项任务，提高资助力度，帮助学生成长，助力区域经济发展。

再次，高校助困育人稳中发展。在助学贷款资助项目中，本专科生的资助贷款金额由每人 6 000 元一年增加到每人 8 000 元一年；坚持实施农村贫困地区定向招生计划，提高农村地区学生的高校升学率，成功实现重点高校农村生源招生比例 10% 的目标；国家教育资源适度向少数民族地区倾斜，促进少数民族地区教育的快速发展。

伴随着我国助困体系的不断完善和深化，资助的方式也越来越多，资助效率也得到了一定程度的提高。对于家庭经济困难的大学新生来说，通过携带贫困证明等材料就可以顺利办理入学手续。在筹集资助资金方面，除了不断地加大财政拨款的力度之外，党和政府还在不断地拓展新的资金筹集渠道。据全国资助管理中心发布的数据显示，2015 年全国用于高校学生资助的金额中，中央财政占比 31.72、地方财政 19.16、高校事业收入占比 20.83、金融机构贷款占比 25.93、社会资金 2.36，这些方面的金额同比 2014 年都有较大幅度的提升。[1] 此外，根据全国高校资助中心网站公布的数据，我们可以直观的发现资助力度的增长情况。如表 5-1 所示，2015 年全国高校资助总金额达 847.97 亿元，增幅 18.29，资助学生达 4 141.58 万人次。高校学生国家助学金的资助覆盖面从原来的 3% 扩大到现在的 20%，国家奖学金额度从最初的 4 000 元提高到 8 000 元每人。2016 年，国家用于高校学生的资助金额又突破到了一个新的层次，多达 955.84 亿元，均次受助金额更是达到 2 232.32 元，创历史新高。

表 5-1　全国高等学校学生资助情况统计

年份	资助总额（亿元）	增长金额（亿元）	增幅	资助人次（万人）	均次受助金额（元）
2012	547.84	33.16	6.44%	3824.70	1432.37
2013	574.11	26.27	4.8%	3724.07	1541.61
2014	716.86	142.75	24.86%	4064.25	1763.81
2015	847.97	131.11	18.29%	4141.58	2045.11
2016	955.84	107.87	12.72%	4281.82	2232.32

数据来源：根据全国资助管理中心发布的历年中国学生资助发展报告的相关数据整理所得

（三）助困育人逐渐规范

1. 助困育人理念逐渐确立

科学的助困理念是高校助困育人有效开展的先导。资助理念

① 2015 年中国学生资助发展报告 [EB/OL]. 教育部官网 .http://www.moe.edu.cn/s78/A05/moe_702/201609/t20160901_277355.html

是制定资助政策和育人制度的逻辑起点，其对高校助困育人实践活动的开展发挥着十分重要的作用。无论是在何种阶段，资助政策和实践都应有相应的资助理念。在对高校助困工作的认识上，学术界一直都没有统一的看法。传统的资助理念侧重于物质资助，缺乏对精神思想及能力发展方面的关注。为了实现不让任何一个家庭经济困难学生因为贫困而失去上学的机会，党和国家制定了一系列的保障措施，高校通过学生助学贷款、绿色通道等多种措施来贯彻学生不因贫困而失学的助困理念。

新时期，伴随着我国助困育人政策的不断完善和资助力度的不断加大，家庭经济困难学生因经济问题无法入学的情况已经极为少见。在新时代背景下，家庭经济困难学生面临的贫困已不单单是物质方面，他们在精神和能力方面也已显露出不同程度的贫困。为此，高校的助困理念也随之从以往简单的物质帮扶向助困育人转变，坚持把对学生的思想政治教育渗透于帮扶助困的全过程，并对学生对于能力全面发展的需求予以重点关注，除了在物质上给他们提供帮助之外，在精神关怀和能力培养上也予以重点关注。许多高校通过不断地实践探索，其助困育人工作也得到了极大的发展，助困育人的内容和理论都得到了极大丰富，各方面的水平也得到了较大程度的提高。例如，有的高校主张以阳光助学为资助理念，提倡把资助和人才培养结合起来，实施将物资资助和能力培养相结合的育人模式。有的高校总结出了他助、自助和助人的"三助"育人理念。其中他助就是社会机构及个人、学校老师和同学对家庭经济困难学生进行帮扶救助，包括物质、精神和能力多种要素；自助就是家庭经济困难学生通过参加勤工助学、就业创业来实现自我成长；助人则是通过参加志愿服务活动来感恩回馈社会。

2. 助困流程逐渐规范

任何一项工作的执行都有一定的流程规范，高校的助困工作也是一样。我国地大物博，人口众多，国家每年都会将大量的金钱投入到高校的助困工作中。但由于物价的上涨和办学成本的提高，学生的生活学习压力也在不断的加大，而高校用于助困育人的经费是有限的，因而很难面面俱到。伴随着高校的扩展，高校的家庭经济困难学生也在不断地增加，从而使得最终分配到每个家庭经济困难学生手中的救助金就更加捉襟见肘。为此，为使救助资金能够得到更加充分合理的利用，就必须要有一个严格规范的操作过程。通过公正透明的评选和审核对预防非贫困生故意占用资源具有十分重要的作用，只有这样才能帮扶到那些真正的家庭经济困难学生。

我国的助困育人工作历时悠久，并一直在不断地完善之中。迄今为止，各高校已经基本形成了一整套成熟的工作流程：

第一步：宣传助困政策。在进行家庭经济困难学生评选之前，通过利用各种渠道向学生宣传、讲解各项助困政策，让每一个学生都能了解相关的助困内容，引导学生做好相关的准备。

第二步：根据国家政策和学生的整体情况制定相应的评选标准。

第三步：组织成立由学院领导、辅导员、班级成员组成的三级评定小组。

第四步：引导和鼓励符合申请条件的学生积极递交申请材料。

第五步：由各级评定小组对递交申请材料的学生进行调研审核，确定评选的结果并公布。

第六步：收集监督反馈信息，确定最终评选结果。

众所周知，国家助学贷款在帮助家庭经济困难学生顺利入学中发挥着十分重要的作用，但其申请过程涉及银行、学校、民政部门、学生等众多环节。为此，国务院相关部门专门出台了许多文件来对该项工作进行规范和完善。经过长期的探索，国家助学贷款也已经形成了完备成熟的服务流程，如图 5-1 所示。

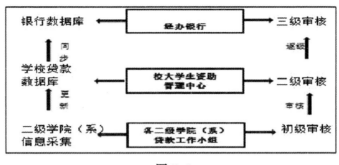

图 5-1

二、高校助困育人存在的问题及原因分析

（一）助困育人制度不完善，对象识别不精准

1. 高校助困育人的制度不完善

高校助困育人制度的不完善是高校助困育人工作存在诸多问题的根本原因。当前，高校助困育人制度的不完善主要表现在以下两个方面。

首先，助困育人的管理制度不完善。管理制度涉及多个方面，如家庭经济困难学生的认定制度、不同类别助困项目的管理制度、育人手段等。其中，助困项目管理不到位是管理制度不完善的突出表现。高校助困育人工作的有效开展要求育人项目必要要有精准化的管理。到目前为止，高校的助困育人体系已经比较完善，包括奖学金、助学金、助学贷款、学费减免等助困项目。之所以要设立多样化的助困项目，就是为了能使不同程度家庭经济困难的学生提供全方位的助困服务。但在具体的执行过程中，仍然存在诸多的问题。例如，国家奖学金的设立，旨在对品学兼优的学生进行奖励。但实际上，在评选过程中，找关系、找路子的不良现象仍然存在，从而使得奖学金的发放作用难以充分发挥出来等。这些都是助困项目未能得到精准有效管理的体现。

其次，助困育人的监督考核制度不完善。高校助困育人精准化建设的目的就是要使助困育人工作高效化。在具体的过程中，需要通过精准考核来对高校助困育人工作的开展进行检验和督促。助困的目的在于帮助家庭经济困难学生解决一些学习上和生活上的问题。帮助他们解决生活求学困难，是对他们物质方面的解危济困，而育人则是对他们进行学业指导、思想教育、活动指导、心理辅导等方面的教育引导，提高他们的综合素质，使他们能够健康全面发展。在高校助困育人体系中，助困只是一种手段方式，育人才是最终的目的。但在当前的高校助困育人实践中，很多高校的助困工作仍然停留在表面上，在评选奖学金、助学贷款上大费周章，只是把助学金按时发放到学生手中而已，在有些时候为了省事甚至将助困名额平均分配！也正是由于助困育人工作的考核制度不完善，使得助困育人的效果难以达到预期的效果。

2. 助困育人的对象识别不精确

伴随着我国教育体制的改革，我国在高校助困育人上的投入也在逐年增加。从教育部网站上公布的数据可知，我国每年用于高校学生的助学贷款金额达到 220 亿左右，用于助困的总额达到 847.97 亿元，从总体上来看，这一数量依然非常的庞大。[①] 但从高校家庭经济困难学生的人数来看，其也在不断地增加。据统计，高校家庭经济困难学生已达到 4 141.58 万人次，而申请贫困资助的学生所分布的地域也越来越广，这些都给家庭经济困难学生的界定带来了诸多的困难。为此，高校助困育人工作要想得到精准、高效地开展，首先就必须能够精准地识别育人对象，只有这样才能实现育人资源投入的精准化。但在具体的操作过程中，由于评选标准不科学、负责人员配备不足等原因，使得伪贫困学生获得资助的情况较多。

当前，大多高校都是通过采取申请学生递交证明材料、学校层层审核的方式来对资助的对象进行筛选、识别。在识别的过程中，主要是对学生提供家庭所在地民政部门出具的贫困证明或者其他困难材料进行班级初评、二级学院审核、学校复审，在通过这三

---

① 2016 年中国学生资助发展报告 [EB/OL]. 教育部官网 .http://www.moe.gov.cn/jyb_xwfb/xw_zt/moe_357/jyzt_2016nztzl/2016_zt14/16zt14_ywq/201703/t20170314_299503.html

个层级的评选后，再确定资助对象。从表面上来看，这种认定形式比较合理。但事实上，由于评判标准并不科学，所凭借的认定依据太少，因而使得最终的评选结果不尽人意，未能充分发挥资助的作用。

首先，认定标准不够合理。当前，在家庭经济困难学生的认定中，是通过评判家庭的教育开支是否大于收入来源以及是否能够维持基本的生活学习活动来确定。高校学生都是来自祖国的四面八方，而不同地区的经济发展水平也不一样，因此在消费方面，学校很难对学生进行量化考察，并且如果只是依靠收入和消费水平来衡量学生的家庭经济状况也是不科学的。

其次，认定的依据过于简单。在家庭经济困难学生的认定过程中，很多教师只是凭借学生递交的家庭经济情况证明和名目繁多的困难证明来进行认定，缺乏科学性。在地域多、经费少、人力成本大等因素的制约下，教师很难对其进行实地核查。此外，民政部门也应当履行自身的职责，对开具贫困证明、提供贫困材料等严格把关。也正是由于校地、校生之间的信息不对称使得家庭经济困难学生的认定带来了诸多的困难和变数，进而造成对贫困生的识别不精准。

（二）重视物质层面资助，轻视精神层面育人

对大多数家庭经济困难来说，其除了在经济上有巨大压力之外，在精神上也有诸多的困惑。目前，我国已建立比较完备的资助体系，涵盖"奖、贷、助、补、勤"等多个方面，这一资助体系在对贫困学生的资助中发挥了巨大的作用，但在精神层面少有顾及。高校在助困育人方面大多侧重于物质方面的救助，而在精神教育方面则有所忽视。大多数家庭经济困难学生都存在不同程度的心理问题，精神压力比较大。因此，时常将自己封闭起来，甚至产生比较极端思想。由于高校在对学生的精神教育方面投入不足，使得在对贫困生的评选过程中把关不严，缺乏后期监管，弄虚作假现象普遍存在，表现出明显的诚信意识缺失。此外，国家助学贷款旨在帮助学生顺利完成学业，但有部分贷款学生在毕

业后不按时还款，缺乏感恩意识和责任意识。

此外，部分高校为了体现评选的公平性，让学生在评选过程中公开陈述自己申请的理由，部分学生为了获取他人的同情和认可，肆意夸大自己的情况，为此，学生将此场合称为"比惨大会"，类似这种现象充分反映了部分学生在诚信和自尊自爱方面的缺失。而对真正贫困的学生来说，他们本身就存在巨大的生活压力，如果为了评选还让他们在公共场合来诉说自己的苦衷，就必然会给他们的精神带来二次伤害。因此，我们应当知道，助困的目的在于育人，二者是不可分割的，要防止资助沦为缺乏精神因素的机械活动。

（三）资助育人队伍发展慢，育人平台质量低

1.高校资助育人队伍建设滞后

通过调查发现，在助困育人队伍的建设方面，高校的建设速度比较缓慢，这与助困育人精准化建设的要求还有很大距离。其滞后性主要表现在以下几个方面。

首先，助困育人队伍人员配置不足。加强高校助困育人队伍建设是国家教育部的明确要求。在专职助困管理人员的配备上，各高校应当根据自身的实际情况进行调整、设置，从原则上来讲，要按照 1:2 500 的比例来设置。但由于现实的差距，很多高校所配置的专职助困人员的数量非常有限，与标准要求相距甚远。在部分高校中，其专职助困人员只有 1～2 名，其余基本全是兼职的。也有部分高校甚至让辅导员来负责专职助困人员的工作。但由于其自身的配备本就不标准，进而最终使得助困育人的效果不理想。

其次，助困育人工作人员综合素养不够。在对助困管理人员进行选聘时，没有科学合理的选聘标准和专业要求，虽然有些新聘人员的学历比较高，但其敬业精神和岗位素养并不高。也有些助困人员只是机械地重复每天的工作内容，侧重于事务性工作的管理，而在对受助学生的思想政治教育则有所忽视。事实上，高校的助困育人工作本就具有系统性，其要求助困人员既要熟知国

家的政策、高校的工作细则和工作流程，还要能够与学校各职能部门进行良好的对接，特别是在网络信息化发达的今天，其还必须具备良好的网络信息处理能力。但对大多数助困机构的工作人员来说，他们还只是停留在办公软件的简单操作上，而在大数据信息处理方面则基本上是空白的。

最后，助困育人工作人员的流动性比较大。据国家资助管理中心的调查显示，很多高校的助困育人岗位的从业人员具有较大的流动性，特别是在民办三本高校中表现得更为明显。据相关报道，国内某高校的助困中心工作人员在一年之内连续调换了四次。究其原因，主要有两个方面，一方面是因为高校实行行政岗位轮岗制度，部分助困工作人员在经过一段时间的历练之后，刚好能上手工作时，就因轮岗周期已到而被抽调到其他部门，而新调入进来的人员又需经过一段时间才能胜任，由此便给助困育人工作带来了很多的不确定性。另一方面，高校缺少配套的助困人员晋升激励机制。高校的助困育人队伍肩负着重大的责任和任务，工作事务和心理压力都非常巨大。在具体的工作中，由于事务性工作较多，使得他们很少有时间进行学术科研，所获得的成果很少，因而在职称评定中居于劣势。此外，在部分高校中，助困中心的行政级别较低，在其中工作的人员要想晋升比较困难。

2. 高校助困育人的平台质量低

伴随着国家的重视程度的提高，助困育人的机制化、育人平台的专业建设也在徐徐推进。当前，在大多数高校中都成立了自己的学生助困管理中心，并由其负责助困政策的宣传、助困认定管理、受助学生的后续教育等方面的工作。从职责上来说，助困育人是助困中心的工作范畴，但事实上却并非如此。据调查得知，很多助困中心的人员配备不齐，设备陈旧落后，信息化配备不足，工作模式非常传统。助困中心网站是线上助困育人平台，其是学生获取助困信息，进行评选公示和诚信感恩教育的重要场所。从当前状况来看，我国高校在整体上对助困育人平台的建设较好，但也有部分高校的助困网页很少更新，界面的功能设置也比较简单，有关育人方面的教育展示少之又少。也有些高校对助困中心缺乏维护和管理，有的甚至无法正常使用。

（四）资助育人缺乏针对性，内容滞后方式单一

1.学生的需求了解不到位，忽视造血式育人

据相关调查显示，如图5-2所示，55.67%的受助学生期待在助困育人工作中得到学业方面的指导，57.73%的受助学生想要得到技能培训，59.45%的受助学生希望得到就业方面的指导，而选择物质资助的仅有48.63%。在关于助困育人能否满足学生的发展需求的调查中，36.6%的受助学生认为一般，10.65%的受助学生认为无法满足自己的发展需要。从这些数据中可知，现阶段的助困育人工作在物质资助方面的成效比较明显，但在对受助学生的"造血能力"培养上还远远不够。

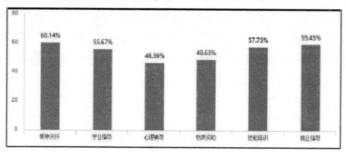

图5-2 你想在助困育人工作中获得哪些帮助？

为了降低家庭经济困难学生的失学率，国家制订了以"奖、助、贷、补、勤"为主的多元化助困体系，这一体系的建立也在一定程度上体现了教育的公平性。国家拟通过物质方面的资助来帮助家庭经济困难学生解决实际困难，帮助他们树立自立自强的精神，鼓励他们通过自己的努力获得全面发展。[①]但事实上，在贯彻国家的助困政策上，地方政府和高校并未完全进行落实，大多是以输血式的资助方式来解决家庭经济困难学生的问题，而在造血式的育人方面却基本上是空缺的。在很多高校中，诸如将奖学金、助学金按时足额的发放给家庭经济困难学生的输血式资助非常的普

---

① 刘湘玉.关注大学生弱势群体构建"四位一体"帮扶体系[U].中国高等教育，2012（5）.

遍。这种助困方式虽然也确实解决了一定的实际问题，缓解了家庭经济困难学生的经济压力，但并未从根本上解决他们所存在的问题，也就是未能提高他们自身的"造血"功能。有的家庭经济困难学生依赖思想很重，自身缺乏上进，一旦缺乏资助，马上就会陷入及其困难的境地。在家庭经济困难学生中，大多存在能力不足、素质不高、心理问题突出等问题，他们也渴望自己能够提高各方面的能力，但又不知道应该如何去做。为此，高校的助困育人精准化建设应该对家庭经济困难学生的发展需求予以更多的关注，通过采用素质拓展、技能培训等提高他们的综合能力。只有造血式育人才能从根本上帮助家庭经济困难学生走出困境，这也是助困育人的根本所在。

2. 育人方式单一，效果欠佳

在高校助困育人工作中，教育内容是否有价值、是否丰富多样对教育目标的顺利完成有着很大的影响。据相关调查得知，在对家庭经济困难学生的资助上，很多教师在对助困对象的评选上投入了大量的时间和精力，而在育人内容和育人方式上却并未引起足够的关注。根据调查得知， 39.66% 的学生认为学校的育人内容比较枯燥，没有吸引力；42.91% 的学生认为教育内容华而不实，对现实没多大用处；51.62% 的学生认为育人的形式过于老旧，没有新意；33.16% 的学生对灌输式的说教比较反感，存在抵触情绪，如图 5-3 所示。从学生的这些看法中也可得知，当前高校助困育人工作的育人内容和方式亟需完善。

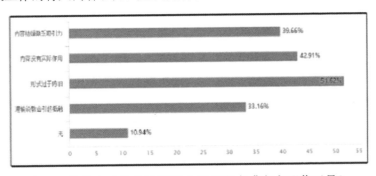

图 5-3 您认为当前的助困育人内容和方式存在哪些不足？

从我国当前的助困育人的工作现状来看，助困育人工作人员为了保证评选的秩序性和公平性，将工作的放在协调申请救助资金的学生之间的利益上。但事实上，我们除了要考虑到学生的精神思想和价值观念之外，还要对他们进行教育引导。高校家庭经济困难学生作为接受资助和教育的对象，他们也具有鲜明思想，我们应该坚持感情浸润、情景教育的方式来育人。

第二节　高校助困育人精准化研究的理论依据

一、精准扶贫思想

精准扶贫思想是习近平总书记提出的关于扶贫开发的工作思路，是对社会主义本质的继承和发展，也是党和政府在脱贫攻坚工作中的指导思想。精准扶贫是习近平总书记最早在湘西调研时提出的，既是对社会主义"共同富裕"原则的发展，也是对全面建成小康社会的现实需要而作出的精准部署。精准扶贫思想的核心内容是精准理念，精神脱贫能力脱贫也是其要义，具体方略涵盖扶贫对象精准、项目安排精准、资金使用精准、措施到户精准、因村派人精准、脱贫成效精准。[①] 习近平总书记结合几十年的扶贫工作经验，提出精准扶贫的具体实施中要坚持精准识别、精准帮扶、精准管理和精准考核。精准扶贫思想除了对扶贫开发工作具有指导性作用之外，对高校的助困育人体系的完善也具有重要的引领作用。特别是其中的精准理念，可以运用到家庭经济可能性学生的教育引导过程中。高校助困育人属于教育扶贫，也是精准扶贫的一部分。高校助困育人工作的顺利开展，不但可以帮助大学生顺利地完成学业，提高综合素质，也能为贫困家庭创造脱贫致富

---

① 中共中央国务院关于打赢脱贫攻坚战的决定 [EB/OL]. 人民网 .[2015–12–08].http://politics.people.com.cn/n/2015/1208/c1001–27898134.html

的希望，对促进教育公平、和谐社会建设有着重要意义。

伴随着我国助困育人体系的完善，高校助困育人工作在助困的基础上，不断发挥着立德树人的功能。但需要注意的是，在实际的助困育人工作中，大水漫灌的现象仍然存在，不少学生为了获得救助，肆意弄虚作假，而工作人员也属于甄别，使得助困对象的评选缺乏精准性。同时，对助困资金发放后的育人工作没有引起相应的重视，缺少对育人对象的心理辅导、学业关心、就业指导。在对学生的发展需求上，也并未引起必要的关注，无法满足学生的实际需要。为此，在精准扶贫思想的引导下，我们要根据家庭经济困难学生的实际情况，采取科学有效的方式实现对助困对象的精准识别，对各项助困项目的精准管理，对助困育人效果的精准考核。

二、马克思需要理论

（一）马克思需要理论的内容

马克思指出："人以其需要的无限性和广泛性区别于其他一切动物。"① 需要是人的本性，其也是人之所以为人的根本所在。马克思将人的需要分为自然需要、精神需要、社会需要、劳动需要。

自然需要是人的第一需要。人属于自然存在物，具有饮食、繁衍等生理本能。人只有在生产或获得必须的生活资料的情况下才能生存，自然需要存在于人生命的始终。

精神需要是人区别于动物的一个重要方面。人除了有物质和生理需要之外，还有精神需要，精神需要是人活着所必不可少的。伴随着社会的进步，人对精神需要也有了更高的要求。

社会需要是人作为社会人的需要。人生活在社会中就具有社会属性。人除了自身进行劳动生产外，还需要从他人手中获得一些生活资料，进而形成社会交往。根据人的生存条件，可以将社会需要分为经济交往、政治交往等方面的需要。

劳动需要是人保持健康生存的需要。通过劳动，人类除了可

---

① 马克思恩格斯全集：第 49 卷 [M]. 北京：人民出版社，1982.

以获得相应的生活资料外，还可以在劳动过程中强身健体，磨炼意志。人类在劳动中产生了意识、形成了交流语言、创造了流通文字。根据劳动的类别，可以将劳动需要分为物质生产、艺术创作、科学研究等方面。

（二）马克思需要理论与资助育人的联系

高校助困育人工作是为满足学生个体生存发展需要和社会建设发展需要的实践活动。做好助困育人工作对个体及社会发展需要的实现都具有十分重要的意义。

首先，人的需要是高校助困育人存在与发展的现实依据。社会事物的产生与存在都是人类社会发展到一定程度的结果。在古代，由于环境恶劣、社会生产力低下，人们为了获得生存，就已经蕴育了团结合作、互帮互助的思想。在现代，由于教育成本越来越高，从而使得家庭经济困难学生的求学压力变得更大，但他们仍有获得正常的发展需要，因此人的需要为助困育人工作的开展提供了逻辑起点。

其次，人的需要是高校助困育人发展的动力之一。从马克思的观点来看，人在满足基本的生存需要后，还会追求享受和发展需要，通过对这些方面的追求，他们的个体获得完善、人类社会群体得到发展。高校助困育人工作对促进个体满足更高层次的发展需要具有十分重要的意义。

最后，助困育人是实现学生发展需要的重要手段。满足人的需要的方式有些是自发形成的，有的则是在教育引导之后才能拥有。通过教育，不但可以获得相应的技能，亦能受到一定的思想熏陶。高校助困育人工作的开展就是为了实现家庭经济困难的健康发展，是满足个体需要的重要手段。救助可以满足家庭经济困难学生物质生存的需要，而育人则提供精神引导、心理辅导、技能培训等，二者共同促进他们个体发展需要的实现。

第三节　高校助困育人精准化研究的必要性

在高校中，通过对家庭经济困难学生的救助来对他们予以教育，能够有效地促进修身立德，成人成才，亦能促进教育扶贫工作的开展与开发。为了更好的促进我国小康社会的建成，党中央提出了"精准扶贫""教育扶贫"基本方针，这些方针的提出从战略上对扶贫攻坚工作进行了部署，同时也对高校的助困育人工作提出了新的要求。伴随着社会的发展，高校的助困育人建设已然从解决家庭经济困难学生的物质问题方面，上升到了要满足学生全面发展的要求。为此，探索高校助困育人精准化开展的路径是满足社会发展的时代需求。

一、和谐校园建设的需要

高校助困政策实施的本意在于帮助家庭经济困难学生能够顺利地完成学业，是对家庭经济困难学生的无限关怀。但在具体的实施过程中，仍有部分学生为了获得助学金而伪造申报材料、捏造事实，甚至还出现学生或班级之间为此相互诋毁、拉选票的情况。在部分学生看来，这种对家庭经济困难学生的资助是理所当然的，当自己未能获得资助后，就随便造谣诬陷同学，甚至怀疑评选的公平性，对同学产生敌视，对教师产生怨恨。据调查发现，有些同班同学为了资助名额相互争吵，给后续的大学生活埋下了隐患。因此，加强高校助困育人的精准化建设，坚持评选制度规范、程序合规、结果透明，是从源头遏制校园矛盾的重要手段，也是教育公平公正的重要体现。为此，充分发挥助困育人的人际关系调和功能，及时化解助困过程中产生的利益纷争，对促进和谐校园的建设具有重要意义。

二、促进教育公平的需要

公平历来是人们奋力追求的价值目标。在教育层面，公平理念同样非常的重要。教育公平理论所包含的内容涵盖较广，其既可以是反映教育质量，亦可以指教育过程中对教育客体的实质公平和评价公平。从本质上来看，教育公平首先是指教育机会均等和教育权利平等；其次是指教学过程中师生互动层面的平等；最后是教育结果的实质平等。

文化的传承和人才的培养都离不开教育。但由于一些现实的客观原因，如地域经济发展差异，人口基数大、人均教育资源少等，使得我国在教育方面彻底实现公平的路还很长。对农村来说，农村人口占我国总人口的很大比例，但农村所获得的教育资源却并与之相称，很多农村家庭因供子女上大学变得更为贫困。在高校学费的增长和生活开支加大的趋势下，很多贫困家庭已然不堪重负。而教育公平的实现，就必然要使家庭经济困难学生能够获得平等教育的机会。为此，在"十三五"规划中，国家就明确提出了开展教育扶贫行动来促进教育公平。[1]

高校的助困育人承载着大量的教育资源，肩负着立德树人的教育重任。为此，在促进教育公平的过程中，实施助困育人资源的精准化投入具有十分重要的意义。通过对各项助困育人政策的贯彻落实，以助学贷款、奖助学金、绿色通道等方式对家庭经济困难学生进行帮扶，确保家庭经济困难学生能够顺利入学。根据家庭经济困难学生的具体情况，按时向其发放物质补助，保障其基本的日常生活，使其能够将全部精力投入到学习中。在高校开展精准化助困育人，可以使有限的资源发挥最大的用处，最大程度地解决家庭经济困难学生的物质问题，促进他们的个人发展。同时，从精神上对家庭经济困难学生进行扶助，引导他们树立自立自强思想，不断提升自身的能力，获得全方位的发展。

---

① 中共中央关于制定国民经济和社会发展第十三个五年规划的建议 [M]. 北京：人民出版社，2015.

三、健全学生思想品格的需要

立德树人是我国教育教学工作的根本要求。在高校的育人工作中，助困育人工作发挥着十分重要的作用，其同时也是促进我国教育规划落实实施的重要途径。目前，对于高校家庭经济困难学生来说，他们除了在物质上比较缺乏之外，在学习生活和思想意识等方面也存在一定的问题，例如，心理问题、道德品质问题、理想信念问题等。为此，实施高校助困育人精准化对解决家庭经济困难学生的物质需求，帮助他们塑造良好的道德和心理品质，健康成才的必然需要。

（一）引领理想信念

思想政治教育是通过教育、启发、批评等方式来对学生的思想、行为等进行引领。在高校思想政治教育中，助困育人工作是一个非常重要的途径，其主要通过引领学生的理想信念进行教学教育。习近平总书记在 2016 年的"七一"讲话中强调，共产党人要坚定社会主义共同理想和共产主义远大理想。① 理想信念是灵魂、是精神之钙。在人的成长过程中，理想信念同样十分重要。高校的助困育人工作除了对学生进行物质上的资助之外，其还对学生的理想信念发挥着导向作用，特别是在职业理想的引领上表现的最为明显。在正确的职业理想和职业规划下，个人的进步更加符合自身和社会发展的需要。为此，理应将职业理想教育纳入高校助困育人工作中，让学生能够更好地认识自身所学的专业，确立自己的学习目标。此外，还应帮助和引导学生做好职业生涯规划，树立职业理想。并且，还要引导受助学生坚守马克思主义信仰、社会主义共同理想，投身到中华民族伟大复兴的中国梦中。

（二）培养个人品质

当前，我国的高校助困育人工作已然从单纯的物质资助发展

---

① 习近平在庆祝中国共产党成立 95 周年大会上的讲话 [E B/O L]. 中国新闻网 . [2016−07−01] .http://www.chinanews.com/gn/2016/07−01/7924310.shtml

到了品质塑造的全方位育人。

首先，培养良好的心理素质。伴随着社会的发展，社会各方面的竞争也越来越激烈，由此社会成员所面临的各方面的压力也越来越大，所表现出的心理问题也越来越严重。近年来，在学习、生活、就业、环境适应等方面的影响下，越来越多的大学生开始出现心理问题。而对于家庭经济困难学生来说，他们的心理问题则表现得更加突出，如自卑、多疑、社交恐惧等。对于大学生来说，大学时期是他们生理和心理发展的重要时期，如果在这一阶段出现了心理问题，则必然会对他们日后的学习和发展带来极大的影响。为此，对他们出现的心理问题进行及时的疏导具有十分重要的意义。高校助困育人直接面对的是家庭经济困难学生，是对家庭经济困难学生的专项教育活动，有利于他们形成良好的心理素质。在助困育人过程中，通过鼓励家庭经济困难学生努力学习，积极参与勤工助学活动，提高自身素质和能力，获得奖学金和劳动报酬，可以有效地帮助他们树立信心，锻炼他们自立自强的能力。同时，组织家庭经济困难学生积极参与反馈社会的感恩活动，不但可以让其感到社会的温暖，培养感恩意识，亦能提高他们的社会交往能力。

其次，培养抗挫折能力。通过调查发展，部分家庭经济困难学生在遇到家庭变故等问题时，往往会承受不住打击，心灰意冷。而通过高校助困育人的资助功能，对他们进行思想上教育和激励，可以引导他们正确地认识和看待问题，培养不屈不挠的自强品质。

四、阻断贫困代际传递的需要

众所周知，在教育不公平的情况下，教育资源的分配也必然会难以做到均等，那么社会成员就无法公平的环境下培养自身的技能，最终就会使得社会阶层之间的流动受到阻碍。社会阶层流动指的就是社会成员在不同阶层之间的流进或者流出，变化自身阶层地位的现象。社会阶层流动可分为低层次和高层次两个阶层之间相互流动的纵向流动和不同行业之间相互流动的横向流动。从我国社会科学院所发布的中国社会流动报告可知，在影响社会阶层流动的原因中，教育公平问题是最大的影响因素。在教育资源分配不均的情况下，处于贫困阶层的学生就会难以获得公平教育的机会，影响其自身各项技能的提高，竞争力较弱，进而很难迈进更高阶层，长此以往，就会在代际之间产生贫困的传递。高校家庭经济困难学生因为家庭原因或地域原因，从小就无法享受到公平的教育资源，因而他们的各方面的素质明显要低于其他学生，在进入大学后，他们又会受到经济和社交的双重压力。在高校的助困育人体系中，助学贷款、贫困补助、勤工助学、精神教育等除了可以在经济上给予帮助之外，更能为他们创造和提高较好的技能学习条件。如果家庭经济困难学生能够在助困育人工作中受到良好的教育指导，掌握社会发展所需要的知识和技能，那么在大学毕业之后就能够凭借自身的优势找到心仪的工作，进而改变自己的阶层地位。由此可知，加强高校助困育人精准化对改善家庭经济困难学生的阶层地位，阻断贫困的代际传递具有十分重要的意义。

第四节　高校助困育人精准化的对策

原教育部部长袁贵仁在 2015 年全国教育工作会议上明确提出："提高国家资助政策的精准度，依托国家教育管理信息系统建设平台，确保国家学生资助、奖补等优惠政策真正落实到每一个需要帮扶的学生身上。"因此，作为社会发展的重要主体，高校更应当紧跟时代发展，加大助困育人精准化的推进力度。

一、完善助困育人制度，精准识别育人对象

（一）加强助困育人制度建设

首先，加强助困育人项目管理制度建设。各项助困育人制度的建立和完善是落实助困项目的前提和保证。对现有的各项助困

管理制度进行完善，做到定性与定量相结合，加强监督，严格各项纪律。

其次，建立育人项目整合机制。高校可以通过成立专门的领导小组来规划和统筹育人项目，同时设立专业的工作人员，严格家庭经济困难学生的信息管理。整合各项助困项目和政策，从整体上对各类项目进行规划设计，实现各类项目的无缝对接，使各类资源得到充分利用。

再次，建立动态育人帮扶机制。以学生的大数据信息为基准，借助计算机技术建立育人服务动态帮扶机制。前期对搜集到的学生信息进行分析比对，再根据学生的实际情况分配资助项目。之后对获得帮扶资助的学生进行监督和管理，并收集相关信息，对其数据档案进行实时更新，适时对帮扶项目进行调整。

最后，加强助困育人考核制度建设，精准考核育人效果。加强育人效果的精准考核是强化育人效果的必要措施。为此，应着重注意以下几个方面。

（1）建立以育人为目标的考评体系，将资助的过程管理和育人效果纳入考核。过程管理主要是指育人对象的识别、育人资金的发放等方面。而效果主要是指受助学生生活条件的改善、精神思想的健全以及综合素质的提高等方面。要量化考评内容，加强顶层设计与督促基层执行双管齐下，对各级机构进行考评，奖优惩劣。

（2）建立严格的绩效评估制度。当前，在高校的助困育人体系中，国家、高校、社会机构及个人是主要的资助主体，它们对资源的分配与监督具有决定权，充当着既是运动员又是裁判员的角色，从而使得资助过程中难免会出现评估不合理的现象。因此，为杜绝这种不合理现象的发生，必须引入第三方机构，由第三方机构对育人绩效进行评估。同时，建立信息反馈机制，收集受助学生的意见，促成各类问题的改进。

（二）精准识别助困育人对象

育人资源的精准投入是建立在精准识别育人对象的基础之上

的。高校要想改变资源配置不合理的现象，就必须做到对育人对象的精准识别。为此，在具体的助困育人工作中，高校应当牢固树立精准理念，科学合理的对育人对象进行评选，精准识别每一位家庭经济困难学生。具体可以从以下几个方面着手。

（1）制定完善评选规则。首先是对各项认定参考标准进行细化。只有做到对各项认定标准的精细化、制度化才能更加准确、高效地对受助对象进行识别。在具体过程中，尽可能做到定量观测和定性评价相结合。其次要对评选方式进行规范。建立以 AHP 层次分析模型和"校、院、系"三级评定模式为主的评选体系。按数据说话，运用矩阵公式计算各项评价指标的权重，增加量化评价的决策影响力，逐步降低人为因素的影响。

（2）成立认定小组，坚持多次评选模式。渔网只有到了渔夫的手中才能发挥其最大效用，同样，科学的评选标准和认定模型要想发挥最大功效，也必须要运用合适的人员。为此，为保障评选标准和认定模型的效用得到充分发挥，高校应当积极设立助困评选和监管小组。首先，在院系层面，要成立以学院主要领导为骨干的评选委员会；在班级层面，要成立以班主任或者辅导员为组长、班委代表、寝室代表、贫困生代表为主体的评议小组；坚持参评同学回避原则，组织评选会议对参评同学所提交的材料进行核实、比对，之后再以不记名投票方式评选初步的受助名单。在初步的受助名单评选出来后，再上报院系评审委员会对该名单进行二次审核，之后再将二审后的名单及资助类型进行公示。其次，要加强动态监管。评选小组和监管小组应当认真听取同学们的反馈意见，对评选对象做到长期观察，适时对受助学生的资助进行调整。

二、挖掘助困育人资源，加强精神层面教育

（一）完善助学模式，引导学生自立自强

从教育部网站公布的学生资助相关信息来看，我国高校的助困资金主要来源于中央财政资金和地方财政资金，约占总助困资

金的 50%，而金融机构贷款助困资金约占 30%，高校自身助困资金约占 20%，而社会资助资金则只占其中的很少一部分。由此，从助困资金的结构组成来看，助困资金的来源比较单一，因而还需开发更多的社会层面的资助渠道，并对助学模式进行完善。

首先，完善社会性助学模式，运用无偿捐赠和有偿服务相结合的助困模式。教育是国计民生的大事，是为了向社会提供更好的服务。为此，社会作为教育的最终受益者，社会就应当履行相应的责任和义务，主动分担高校学生的教育成本。[①] 伴随着我国高校教育制度的改革和社会经济的发展，国家和高校的教育教学经费也难以满足正常的需要。为此，社会的捐赠助学对高校的助困育人工作的开展就显得非常重要。因此，必须加强对社会的宣传，广泛筹措助困经费。从国家层面来讲，要不断完善社会助学机制，营造全社会捐资助学的氛围，积极构建多种渠道的社会捐资助学体系。积极引导社会慈善事业与高校助学工作衔接，将社会慈善力量直接与受助学生本人对接，使捐赠资源的分配更加快速、便捷。同时，高校应当深入挖掘社会资源，加大高校和社会合作助学模式的建设力度。高校教育教学要与社会的发展需求接轨，探索高校与企业的联合教学模式。此外，高校要对现有的校友资源进行充分利用，吸纳校友捐资助学，设立个人名义或者团体名义的助学金项目，例如，北京大学设立的李兆基奖学金、廖凯原奖学金、中国石油奖学金、休斯顿校友会奖学金等多种助学项目。目前，校友及社会团体助学资金已成为学校助困资金的重要组成部分，其在传递爱心、激励学生上进中发挥着重要作用。此外，社会除了要在物质上为高校助困育人提供支持外，还应当不断地对资源进行优化整合，为受助学生提供良好的实践平台，提高受助学生的社会能力。

其次，创新勤工助学育人模式，突出自立自强教育。在高校的助困育人工作中，勤工助学是一个非常重要的部分。通过勤工助学不但可以使家庭经济困难学生获取资金来源，还能使其获得更好的锻炼，促进高校育人目标的实现。勤工助学主要是让学生在周日、节假日等课余时间参加学校的助学、助研、助教等勤工助学岗位，同时获得一定的劳动报酬，减轻自身的经济压力。但从高校的勤工助学现状来看，普遍存在岗位少，劳动强度大，劳动报酬低，技术含量低等问题。因此，为满足学生勤工助学的需要，更好地让学生获得锻炼和经济收入，应当对勤工助学模式进行创新。一方面要对当前的勤工助学岗位进行优化，例如，学校的研究基地、实验室可选取适当的优秀学生作为研究助理，提高岗位的科技含量。学工处可选拔责任心强的学生挂任兼职辅导员。同时，对勤工助学岗位的服务时间和劳动报酬进行规范，充分保障学生的合理权益。另一方面要扩展校外勤工助学基地。高校职能部门应积极与政府单位、企业组织进行沟通协调，力求创立与学生所学专业对口的助学岗位，让学生在获得较高劳动报酬的同时得到更好的锻炼，为毕业后的就业工作打下基础。

（二）强化诚信、感恩、心理健康教育

1. 诚信教育

在高校助困育人工作中，对学生的诚信教育也是一个非常重要的方面。所谓诚信，简单地说就是诚实守信的品质和特征。诚信所展现的是一种良好的品行，是社会道义的要求，更是为人处世的准则。诚信所体现的既是一种声誉，亦是一种宝贵的无形资产。作为立德育人的圣地，高校应当加强对学生的诚信教育，弘扬中华民族的传统美德。

首先，运用主题班会对所有学生进行诚信教育宣传，让学生树立诚信意识。在进行助困资格评选时，组织学生签订诚信承诺书。

其次，多形式、多次数地举办诚信教育活动，全方位强化学生的诚信意识，塑造诚信品格。例如，定期举办有关诚信的演讲比赛、报告会、辩论赛等教育活动。特别是对受助学生，更要鼓励他们积极地参加类似的活动，通过他们自身的经历来阐述诚信的重要性。在条件允许的情况下，高校可以邀请本校或社会上的诚信模范进行诚信宣讲，让学生与他们进行近距离地互动交流，

增加诚信教育的感染力，例如，观看《信义兄弟》孙水林和孙东林的经典案例宣传视频，从感情层面对学生进行诚信教育和引导。在高校诚信教育工作中，新生入学时期的诚信教育非常重要，应予以高度重视。此外，要坚持以助学贷款为诚信教育工作的重要抓手，助困中心、辅导员、银行应通力合作，将诚信意识传递给学生，使每一个贷款学生都能够明确和正视自己的权利和应当承担的义务。当然，诚信品格的塑造并不是一朝一夕的事，必须将对学生的诚信教育提到日程上来，不断挖掘诚信宣传资源。

2. 感恩教育

俗话说"滴水之恩当涌泉相报"，对高校家庭经济困难学生来说，他们是国家和社会助困帮扶的受益者，为此，助困育人应当对他们进行感恩教育。让他们充分意识到党和国家的关怀，进而培养爱国情怀、感恩意识和奉献精神。[①]

首先，要做好对高校助困政策的宣传和解释工作，让学生对助困政策有一个比较清楚的认识，鼓励符合条件的家庭经济困难学生积极申请资助，让他们最直观的感受到党和国家的关怀，只有让他们从内心上认可了这份关怀，才能更好地培养他们的感恩意识。

其次，社会、高校、家庭要相互配合形成感恩教育的合力。无论是社会、高校，还是家庭，都应重视对学生、子女的感恩教育，例如，中央电视台举办的《感动中国》年度评选活动就是一个典型的感恩教育节目，其不但可以向社会传递正能量，又能在全社会营造感恩氛围。在高校中，应充分利用各种载体来对学生进行感恩教育，例如，借助征文比赛、演讲比赛、三下乡服务等实践活动进行感恩教育，使感恩意识外化为服务他人的行动，鼓励受助学生以书信、短信卡片或电话等形式与资助机构或个人保持联系，不但可以让学生表达内心的感激，又能强化学生的自强意识。在家庭方面来讲，子女能够有机会接受教育，全赖父母的全力支撑，特别是对贫困家庭来说，父母为子女能够上大学更是倾注了

---

① 杜玉波. 践行资助育人理念促进学生全面发展 [EB/OL]. 教育部官网 .http:// www.moe.edu.cn/jyb_ xwfb/gzdt_gzdt/moe_1485/201607/t20160728_273235.html

自己的血汗和精力。为此，学校可以组织"家书传递"主题活动，让学生更多地去了解自己的家庭，体会父母伟大的爱，以此来鼓励他们多与家人联系，关爱父母，立志成才报答父母。

3. 心理健康教育

关于对学生的心理健康教育，国务院印发的《关于加强和改进新形势下高校思想政治工作的意见》中有明确的要求，《意见》首次正式提出将心理咨询队伍作为思想政治工作队伍的重要组成部分。作为高校学生思想政治教育的重要阵地，高校助困育人也要对心理健康教育引起高度的重视。

通过调查发现，很多学生都存在着焦虑、抑郁、自卑、孤僻、攀比等心理问题。例如，一些家庭经济困难学生非常渴望与其他同学进行交往，希望自己能够获得大家的认可，但由于自身的经济状况不好，又担心他人瞧不起自己，进而将自己封闭起来不与他人进行交往，亦或是因为生活和学习的环境发生了巨大变化，很难在短时间内适应过来，使他们产生焦虑的心理。对于学生心理问题的产生，其原因是多方面的。为此，在对学生进行心理健康教育之前，首先就要弄清楚他们心理问题产生的原因，了解他们的心理需求，只有这样才能有针对性地对他们进行疏导。特别是在新生入学之时，要对每一位学生进行心理测试，了解学生的心理特点，建立心理档案。同时，要开设心理健康课程，并充分发挥其作用。将心理健康教育列为高校学生的必修课，并由专业任课教师授课，让学生都能了解和掌握心理学基础知识。特别是对家庭经济困难学生，要为其增设单独的心理辅导课程，并由心理教师、辅导员、学院领导组成辅导小组，对他们进行不定期的心理疏导教育，使他们尽可能的掌握心理调适的方法，进而坚定自身的信念，勇敢地面对生活。此外，要注重集体心理辅导和个别心理咨询的结合，积极心理学强调运用正面向上的思想来对学生进行开导，激发学生的内在潜能。高校应当不定期地开展心理健康讲座、宣传展览，让学生了解基本的心理知识，营造一个健康和谐的校园环境。对学生进行一对一的心理健康辅导是实施精准助困育人的要求和手段，只有让学生掌握心理学上的焦点治疗方法，能够正确地面对困难和挫折，感受教师同学的关爱、意识到自身的价值，才能从阴影中走出来，不断地获得进步。

三、培育助困育人队伍，打造精准育人平台

（一）建设素质优良的育人队伍

首先，建设一支素质优良的育人队伍。当前，在资助机构和育人队伍的建设上，高校的助困育人工作已然取得了一定的成效。在高校的助困育人工作中，高校教师所发挥的作用是毋庸置疑的，特别是站在助困育人工作最前沿的资助中心工作人员和高校辅导员，他们是助困政策宣传、资助评定、育人辅导任务的直接承担者，在整个高校助困育人工作中发挥着十分重要的作用。因此，各高校必须对助困育人队伍的建设引起高度的重视，应当将专业门类、学历标准、信息处理能力、政策宣传能力、思想政治教育技巧等素质作为选拔助困育人工作者的重要选拔指标，进行层层考核、选拔。① 同时，高校还应当不断地对相关保证制度进行完善，例如辅导员聘任制度。同时，还应对导师制度进行完善。导师负责制是我国研究生的培养模式，但在本科阶段，许多高校也建立了导师制度，并在对学生各方面的指导中发挥了非常重要的作用。通过导师制与育人模式的结合，不但可以对学生的学业问题进行更加有效的指导，还能对他们的心理、价值观教育、就业进行有力的指导。贯彻全员育人的理念来实施导师制，能够有效的壮大助困育人队伍。此外，还应充分发挥家庭教育和社会教育的育人功能，协调家长及社会志愿者建立全员育人的联动机制。

其次，加强助困育人相关人员的培训。高校助困育人工作不是一朝一夕就能完成的，其需要长期的投入和努力。在整个助困育人工作中，相关人员素质水平的高低对整个工作完成的效果好坏具有决定性的作用。为此，在实施精准化助困育人过程中，必须不断地对相关人员进行专业素养和技能的培训，确保工作的顺

---

① 吴广宇，姚卫兵，范天森.高校学生资助工作人员的专业发展[U].教育与职业，2016（4）.

利开展。一方面要加强对相关人员的助困业务和专业技能培训。作为助困人员，熟悉国家的各项助困政策，熟知校内的资助制度和评选流程是保障助困育人工作顺利进行的前提。只有掌握并积累一定的计算机操作技能、管理协调技能、心理疏导技能，才能得心应手地处理评选过程中的各种问题。另一方面，高校应当支持和鼓励教师积极开展助困育人课题研究。无论是在课题申报上，还是在后勤保障上，高校都应当为研究者给予大力支持，鼓励教师开展助困育人的实践调研，不断提高助困育人的精准性。

（二）搭建特色鲜明的育人平台

1. 建立资助育人网络服务平台

首先，开发助困育人服务网站和管理系统。各高校应当邀请专业人士建设与本校助困育人工作紧密相关的服务网站。网站的具体模块应包括以下几个方面：

（1）资助政策宣传模块。该模块着重向学生提供资助政策、申请程序介绍和文件下载；

（2）资助信息公示板块。该模块意在向外界发布最新的资助项目和评选要求，并按时公开每次的评选结构；

（3）自立自强宣传育人模块。一方面将校内自强之星的事迹作为宣传榜样。另一方面，挖掘社会先进模范历程，引导和帮扶家庭经济困难学生树立信心和目标。

同时，还应安排专门人员对助困服务网站进行维护和更新，保证服务质量。并且在校园管理系统建设方面也要引起高度重视，将校园服务系统同政府相关部门的管理平台链接起来，生源地民政部门和高校助困中心实现数据共享，为搜集和取证学生资助信息提供便利，进而促进高校助困服务效率和精准性的提高。此外，高校还应当善于利用宣传载体进行助困育人方面的宣传，如电子媒体等。在条件允许的情况下，高校可以自主研发 APP 助困软件，并推荐学生在手机上下载使用，为学生提供信息浏览、在线申请、举报投诉、线上解答等对口服务。①

---

① 严伟 . 新媒体环境下高校资助工作的思考 [U]. 吉林教育，2016（45）

2.建立专门的助困政策宣传平台

当前，我国主要是通过设立多种助困项目来对高校学生进行资助。当在部分高校中，由于没有做好助困政策的宣传，从而使得学生及其家长对助困政策的了解比较模糊。例如，在一些偏远的山区，新生因为经济困难无法按时入学，他们不清楚"绿色通道"政策就是为贫困新生先办理入学手续，之后再根据学生的实际情况，利用奖、助、贷、补等政策进行帮扶。另外，对于在校大学生来说，他们虽然对高校的各类助困政策有一定的了解，但他们并未了解透彻，部分学生就因为这个原因而不能结合自身实际情况寻求资助，导致坐、等、拿、要不良现象出现。助困政策的宣传应重点抓住入学前和入学后两个关键时期。在入学前，高校助困部门通过新媒体等途径为被录取的新生推送资助政策宣传内容。在入学后，将助困政策科学植入新生入学教育过程中，精准开展助困政策宣传。

3.建立党员结对帮扶平台

在高校中，学生党员是学生群体中的重要力量，他们往往具有正确的世界观、人生观、价值观，也具有坚定的马克思主义信仰和自立自强的良好品质。由于学生党员来源于学生群体，因而在为学生服务方面有着强烈的愿望。因此，在高校助困育人精准化建设中，应当重视这支队伍，充分发挥好学生党员的作用，建设党员和家庭经济困难学生"一对一"的结对帮扶平台，以此不断提高帮扶教育的精准性。一方面要多方筹划学生党员帮扶活动，鼓励学生党员关心家庭经济困难学生的学习实践。另一方面要加强监督考核，增强物质帮扶和精神帮扶的时效性。

四、秉持以需求为导向，优化育人内容和模式

导致高校家庭经济困难学生贫困的原因是多方面的，他们除了在物质上表现出匮乏之外，还表现出多样化的需求。在实施精准化的助困育人工作中，高校要兼顾家庭经济困难学生的共性和个性，坚持以学生需求为导向，不断地的对育人内容和模式进行优化，提高助困育人工作的效果。

（一）精准把握学生的发展需求

在高校助困育人工作中，精准地把握家庭经济困难学生的发展要求是提高助困育人效果的前提和保证。据相关调查显示，高校学生的发展需求也随着社会的发展发生了一定的变化。例如，在高校家庭经济困难学生群体中，有的学生属于生存型贫困，他们对物质的需求往往比较强烈，而有的学生则属于发展型贫困，对他们来说他们更渴望获得长期发展的能力。

总而言之，家庭经济困难学生除了有学习和生活的物质需求之外，他们还具有思想、精神和心理健康方面的需求。在社会竞争激烈的今天，他们对技能的发展表现出了强烈的需求。由于学生的需求具有多样性，因而高校要学会运用大数据平台建立需求统计系统。为此，高校助困部门要做好前期的信息采集工作，根据学生递交的材料进行需求分析，为每个学生建立助困需求档案。同时，对学生的需求信息要进行动态管理，及时更新助困档案。高校助困育人要根据学生的发展需求和贫困等级匹配相应的助困项目，实施精准助困帮扶。

（二）造血式育人培养自助能力

1. 突出人文素养教育，提高学生综合素质

人文素养是一种品格修养，其是由对人文科学知识的认知水平和人文精神内化而成的，其涉及很多个领域，如政治、哲学、经济、历史、艺术等。一个人的人文素养的高低与其所在的家庭、学校、社会等多方面的因素有关。特别是学校教育，其对人文素质的培养发挥着十分重要的作用。对青年少年学生来说，大学时期是他们走向社会的过渡时期，也是人文素养培养的最好时期，其会对学生的日后的学习和生活产生重要的影响。但对高校家庭经济困难学生来说，由于经济和环境的制约，他们的人文素养普遍不高，特别是对历史、政治、艺术等方面的人文知识更是缺乏。通过调查发现，很多家庭经济困难学生对音乐、美术等课程的学习表现出极大的兴趣，都想通过这些人文知识的学习来提高自己的审美

情趣。因此，在高校的助困育人工作中，就应当对学生人文素养的培养引起高度的重视，努力提升学生的内在品质。将人文素养作为一项评定奖、助学金的考核指标。一方面，学校相关部门为家庭经济困难学生开设人文素养课程，并鼓励他们积极选修学习。一方面要不定期举办一些与人文素养有关的活动，如人文讲座、人文沙龙等，以此来培养学生思维能力、交往能力、应变能力。此外，也要鼓励受助学生积极参加学校举办的大型活动，如才艺大赛、联欢会、运动会等，展现自我。①

2. 推进就业指导教育，培养自我发展能力

首先，根据国家的发展需要开展就业指导教育。伴随着社会的进步和经济的发展，社会对人才的培养也提出了更高的要求，社会竞争也越来越激烈，对于刚毕业的大学生来说，他们所面临的就业压力也越来越大。部分高校学生的就业观念比较老旧，不愿意到基层单位就业，或者将自己限定在与自身专业有关的岗位上。但在现实情况下，我们有必要将目光转向那些新兴的行业，如电子商务等。当前，电商扶贫也是国家实施精准扶贫的重要载体，而对高校家庭经济困难学生来讲，就更应充分学习和贯彻国家的这一举措，响应大众创业万众创新的号召，主动将个人的就业创业和农村电商扶贫结合起来。为此，高校助困育人在这一契机下对学生进行职业规划教育，开展以家庭经济困难学生为主体的专项培训。

其次，探索精细化的就业指导服务模式。精细化指导就是要从传统教育方式的束缚中挣脱出来，从指导过程、指导方式、教育内容等方面对学生进行精准引导。高校助困育人的目的在于帮助学生健康成长，让弱势学生群体掌握就业技能获得长期发展的本领。为此，高校就应当在课程学习、职业生涯规划、就业信息服务等方面为学生提供就业指导，引导和帮助他们就业。一方面高校要对往届毕业生的就业情况进行了解，明确市场对人才的需

---

① 全国学生资助管理中心.北京化工大学第一期"春雨计划"系列培训课程正式启动 [EB/OL].http://www.xszz.cee.edu.cn/gongzuodongtai/xuexiao/2015−05−05/2218.html

求，再结合本校的实际情况对学校的专业设置进行优化，坚持理论教学与实践技能培训相结合，为学生将来的求职就业打下坚实的基础。另一方面，高校要有针对性的做好学生的职业生涯规划教育。在入学之初，很多新生都想过未来就业方面的问题，但由于其他因素的影响，使得他们又表现出迷茫的状态，如自我认识程度不高、对社会的就业形势不了解等。针对这些情况，高校的助困育人就要事先做好相关准备，邀请专业教师和已经工作的同学向他们传授就业方面的经验，提高他们对自身和其他因素的认识和了解，进而树立正确的就业观念。[①] 此外，在学校的日常实践活动中，就应当对学生的就业教育引起高度的重视，例如，定期举办职业生涯规划大赛，对就业方面进行专项指导。同时，还应当根据不同学生的特点进行"一对一"的精准指导。

（三）创新助困育人的实践模式

诚然，在传统的助困育人模式中，通过单纯的灌输式教育也取得了一定的育人效果，受助学生无论是在精神状态方面还是在人生价值方面都获得了一定的进步。但事实上，这种教育模式只能在短时间内给予学生激励，无法形成长期的发展动力。在精准扶贫背景下，我们应当顺应时代的需要，对实践模式进行优化，实现精准育人的目标。将说教式教育向参与式教育转变，让学生参与到助困育人的实践过程中，实现由他助向自助和助人的方向发展。

1. 优化社区服务育人模式，锻炼学生社会实践能力

社区是一个有一定数量的人口、活动区域和机构组织共同组成的一个生活共同体。我们现在通常所说的社区主要是指城镇居民居住生活的场所。早在 2004 年，我国就已经出现了大学生服务社区活动，如今，大学生社区服务活动已成为大学生思想政治教育的重要载体。为此，在高校助困育人工作中，可以将协同社区探索育人和服务的重要载体，将服务社区作为受助学生走向社会

---

① 土思华．"中国梦"视角下的高校资助育人工作研究 [U]. 学校党建与思想教育，2015（12）.

的入口。一方面，通过大学生的参与可以帮助居委会处理日常事务，帮助社区化解一些不安定的因素，而大学生本身也可以得到沟通和协调能力的锻炼。另一方面，可以帮助社区做好政策法制宣传。如组织社区宣讲会、报告会、图片展览等活动，向社区居民讲解国家政策方针、宣传法律知识、环保常识、医疗知识等。通过这些活动的开展，不但可以更好地促进社区的精神文明建设，而且还能使大学生的组织能力和口才得到锻炼。此外，选拔有文艺特长的学生为社区居民表演节目，举办社区篮球赛、广场舞比赛、读书分享会等，不断丰富社区居民的文化生活。总而言之，通过让大学生参与社区服务活动，去关爱弱势群体，不但可以让他们充分地感受到自身的价值，又能够近距离地体验生活和了解社会，提升自身的综合能力。

2.探索农村服务育人模式，强化学生的奉献意识

农村是我国社会的重要组成部分，农村人口也占据着我国总人口的绝大部分。在高校中，家庭经济困难学生也绝大多数来自农村，在他们心中也一直存在着服务农村、回馈农村的情愫。因此，高校助困育人工作应当将农村作为一个重要的教育阵地，探索走进农村服务基层的实践育人模式。高校学生在理论知识和专业技能方面都有着较好的基础，让他们走进农村了解国情和民情，不但可以让他们所学的知识和技能得到良好的运用和实践，亦能够为我国的精准扶贫工作贡献一份力量。高校要充分发挥资源优势，通过对农村的实地调研和走访，制定科学的家庭经济困难学生服务农村活动方案，建立高校和地方的长期合作机制。在学校层面建立驻村结对帮扶，院系层面建立驻组结对帮扶，学生层面建立驻户结对帮扶，构建"校——院——生"三级实践育人模式，为农村的脱贫攻坚提供支持和帮助。以受助学生和结对帮扶户同吃同住同劳动为主要实践模式，在节假日的时候，让学生深入体验农户的日常生活，进而获得农户真实需求的第一手资料。在帮扶期间要努力在多方面为农户提供帮助，如引导农户参加文化活动、帮助农户学习体育项目、为农户开展网络技术培训、制定致富计划等。引导高校学生同农村留守儿童建立"一对一"帮扶机制，

通过线上线下等方式向农村学生精准开展教育辅导。通过参与农村服务实践，不但可以让学生能够更好地理解国家的精准扶贫政策，为我国当前的精准扶贫工作作出力所能及的贡献，也利于开展学生的思想政治教育工作，培养学生的感恩意识和奉献意识。

参考文献

[1] 谭亚男.高校资助育人精准化研究 [D].广西师范学院，2017.

[2] 田林.贫困大学生教育救助政策实施问题研究 [D].哈尔滨师范大学，2018.

[3] 赵明吉，赵敏，龙希利，丛培卿等.高校家庭经济困难学生问题研究 [M].济南：山东大学出版社，2010.

[4] 王意明.家庭经济困难学生就业对策研究 [J].辽宁教育行政学院学报，2007（5）.

[5] 褚惠萍.高校家庭经济困难学生就业存在的问题及对策研究 [J].教育与职业，2005（32）.

[6] 张蓉蓉.对高校家庭经济困难学生问题的思考 [J].贵阳师范高等专科学校学报（社会科学版），2005（3）.

[7] 徐丽燕.学校社会工作视野下关于高校贫困生心理求助问题 [J].广西青年干部学院学报，2008（3）.

[8] 赵德雷.试论贫困大学生的他助与自助——团体社会工作介入贫困大学生援助体系的必要性[J].广西教育学院学报，2006(1).

[9] 辛勇.贫困大学生自尊与社会支持、应付方式的比较研究 [J].黑龙江高教研究，2005（10）.

[10] 邵贵平.贫困大学生社会支持和应对方式与心理健康的相关研究 [J].中国健康心理学杂志，2006（3）.

[11] 陈立中，张建华.解释贫困的多样化视角浅析 [J].改革与战略，2006（7）.

[12] 田中良. 高校家庭经济困难学生心理问题分析与思考 [J]. 中国高教研究，2005（4）．

[13] 夏水龙，晏红洁等. 对贫困大学生教育与管理的思考 [J]. 江西教育学院学报（社会科学版），2005（1）．

[14] 孔德生，杨晓梅. 贫困大学生个性特征分析及教育对策研究 [J]. 中国健康心理学杂志，2004（6）．

[15] 李志霞，耿青松. 贫困大学生救助机制探析 [J]. 石油教育，2005（1）．

[16] 陈宁香. 高校家庭经济困难学生心理问题及对策分析 [J]. 新学术论坛，2008（11）．

[17] 丁伟. 把解决高校贫困家庭学生困难这件大事办好 [N]. 中国教育报，2004 年 9 月 7 日.

[18] 毋恒生. 高校家庭经济困难学生现象不容忽视 [J]. 山西高等学校社会科学学报，2000（4）．

[19] 糜静. 对做好高校贫困学生工作的思考 [J]. 山西高等学校社会科学学报，2007（7）．

[20] 邵海燕，王水珍，童卫丰. 高校家庭经济困难学生学业成就与人际关系成败归因的特点 [J]. 浙江纺织服装职业技术学院学报，2005（1）．

[21] 廖雪蓉. 多元智能理论视野下的学业失败问题研究 [D]. 江西师范大学硕士学位论文，2006.

[22] 张永红. 关注贫困大学生心理，高校思想政治教育不容忽视的课题 [J]. 株洲师范高等专科学校学报，2005（3）．

[23] 李登峰. 高校家庭经济困难学生令人关注——关于首都高校贫困大学生状况的调查报告 [J]. 北京统计，1999（8）．

[24] 王勤，王妮妮. 贫富差距对大学生成长的影响及对策 [J]. 中国青年研究，2005（2）．